Van je nachtmerries af

Dit boek, *Van je nachtmerries af*, is onderdeel van de reeks Protocollen voor de GGZ.

Serie Protocollen voor de GGZ
De boeken in de reeks Protocollen voor de GGZ geven een sessiegewijze omschrijving van de behandeling van een specifieke psychische aandoening weer. De theorie is beknopt en gestoeld op wetenschappelijke evidentie voor zover deze bekend is. Protocollen voor de GGZ is bedoeld voor psychologen, psychotherapeuten, psychiaters en andere hulpverleners.
In deze serie verschenen eerder de volgende werkboeken voor de cliënt:
- Stop met piekeren;
- Niet meer depressief;
- Verbeter je slaap;
- Minder angstig in sociale situaties;
- Verbeter uw zelfbeeld in 7 stappen.

Bestellen
De boeken zijn te bestellen via de boekhandel of rechtstreeks via de webwinkel van uitgeverij Bohn Stafleu van Loghum: www.bsl.nl.

Redactie
Prof. dr. Claudi Bockting, klinisch psycholoog, psychotherapeut en gedragstherapeut, adjunct-hoogleraar klinische psychologie, Rijksuniversiteit Groningen
Drs. Willemijn Scholten, psychotherapeut en gedragstherapeut; zij verricht onderzoek bij de afdeling psychiatrie VUmc en GGZinGeest, Amsterdam
Dr. Mascha ten Doesschate, psychiater Universitair Medisch Centrum Groningen, afdeling Psychiatrie
Dr. Marieke Pijnenborg, universitair docent klinische psychologie, GZ-psycholoog/ cognitief gedragstherapeut VGCT i.o., Rijksuniversiteit Groningen
Prof. dr. Chijs van Nieuwenhuizen, psycholoog en psychotherapeut, bijzonder hoogleraar Forensische geestelijke gezondheidszorg, Universiteit van Tilburg/GGzE

Van je nachtmerries af

Annette van Schagen

Jaap Lancee

Victor Spoormaker

Houten 2012

© 2012 Bohn Stafleu van Loghum, onderdeel van Springer Media
Alle rechten voorbehouden. Niets uit deze uitgave mag worden verveelvoudigd, opgeslagen in een geautomatiseerd gegevensbestand, of openbaar gemaakt, in enige vorm of op enige wijze, hetzij elektronisch, mechanisch, door fotokopieën of opnamen, hetzij op enige andere manier, zonder voorafgaande schriftelijke toestemming van de uitgever.

Voor zover het maken van kopieën uit deze uitgave is toegestaan op grond van artikel 16b Auteurswet j° het Besluit van 20 juni 1974, Stb. 351, zoals gewijzigd bij het Besluit van 23 augustus 1985, Stb. 471 en artikel 17 Auteurswet, dient men de daarvoor wettelijk verschuldigde vergoedingen te voldoen aan de Stichting Reprorecht (Postbus 3060, 2130 KB Hoofddorp). Voor het overnemen van (een) gedeelte(n) uit deze uitgave in bloemlezingen, readers en andere compilatiewerken (artikel 16 Auteurswet) dient men zich tot de uitgever te wenden.

Samensteller(s) en uitgever zijn zich volledig bewust van hun taak een betrouwbare uitgave te verzorgen. Niettemin kunnen zij geen aansprakelijkheid aanvaarden voor drukfouten en andere onjuistheden die eventueel in deze uitgave voorkomen.

ISBN 978 90 313 9144 8
NUR 777

Ontwerp omslag binnenwerk: Studio Bassa, Culemborg
Automatische opmaak: Pre Press Media Groep, Zeist

Bohn Stafleu van Loghum
Het Spoor 2
Postbus 246
3990 GA Houten

www.bsl.nl

Inhoud

	Voorwoord	6
	Inleiding	7
	Sessies	
1	Slapen en nachtmerries	11
2	Het ontstaan van nachtmerries	23
3	De veilige plek	29
4	Een nieuw einde aan de nachtmerrie	35
5	Oefenen met de nieuwe droom	45
6	Knelpunten en slaappatroon	55
7	De laatste sessie en het voorkómen van terugval	63
	Literatuur	66
	Formulieren	67

Voorwoord

Voor u ligt het cliëntenwerkboek *Van je nachtmerries af*. Het idee voor het beschrijven van een behandeling van nachtmerries is ontstaan tijdens een jaarlijkse bijeenkomst van onderzoekers op het gebied van nachtmerries, onder wie de auteurs. Ter bevordering van een goede nachtrust vinden wij het belangrijk dat er meer aandacht komt voor nachtmerries en de behandeling ervan. Hiertoe hebben wij een behandeling beschreven die 'imaginatie- en rescriptingtherapie' (IRT) wordt genoemd. Deze behandeling kan worden uitgevoerd met hulp van een psycholoog. Voor uw therapeut is het boek *Imaginatie- en rescriptingtherapie voor nachtmerries* beschikbaar.

Annette van Schagen
Jaap Lancee
Victor Spoormaker

Inleiding

Het werkboek voor cliënten, *Van je nachtmerries af*, is gericht op de behandeling van terugkerende nachtmerries die de slaap en het functioneren overdag sterk negatief beïnvloeden.

Achtergrond

Nachtmerries zijn vervelende dromen waarbij u heftige emoties kunt voelen. Meestal voelen mensen zich erg angstig tijdens en na een nachtmerrie. Het kan ook zijn dat iemand zich boos of verdrietig voelt, of verschillende heftige emoties tegelijk beleeft. We noemen een vervelende droom een nachtmerrie als het verhaal van de droom goed onthouden wordt en de emotie zo heftig is dat iemand er slechter van slaapt en er overdag last van heeft, bijvoorbeeld omdat degene steeds aan het nare verhaal moet denken.
Nachtmerries komen vaak voor in de kindertijd. Meestal gaan ze weer over, maar soms blijven ze bestaan. Nachtmerries kunnen bijvoorbeeld ook ontstaan nadat iemand een ingrijpende gebeurtenis heeft meegemaakt. Vaak gaan de nachtmerries dan over die nare ervaring. Iemand die bijvoorbeeld een auto-ongeluk heeft gehad, ziet dan 's nachts in zijn dromen steeds opnieuw het ongeluk voor zich en gaat zich opnieuw angstig voelen. Nachtmerries gaan niet altijd over dingen die echt gebeurd zijn; vaker is er geen specifieke aanleiding en gaan ze over dingen zoals achtervolgd worden, in een ravijn storten of dierbaren verliezen (Spoormaker, 2005).
Iedereen heeft wel eens een nachtmerrie gehad, dat is op zich vervelend maar als het niet vaak voorkomt dan zal het uw leven niet negatief beïnvloeden. Als de nachtmerries heel vaak voorkomen en ervoor zorgen dat u niet goed meer slaapt en overdag minder goed functioneert, is het belangrijk dat er iets aan de nachtmerries gedaan wordt.

Behandeling van nachtmerries

Sinds kort is er meer bekend over de behandeling van nachtmerries. Er is een methode ontwikkeld die 'imaginatie- en rescriptingtherapie' wordt genoemd. Imaginatie- en rescriptingtherapie (IRT) is een behandelmethode uit de cognitieve gedragstherapie. In de cognitieve gedragstherapie wordt er aandacht gegeven aan gedachten (cognities), gevoelens (emoties) en gedrag (doen). Bij IRT leert u om het verhaal van uw terugkerende nachtmerrie te veranderen (rescripting) in een verhaal met een betere afloop. Door u het nieuwe verhaal overdag in te beelden (imaginatie) is de kans groot dat de nachtmerrie verandert en uiteindelijk zelfs verdwijnt.
Er is onderzoek gedaan naar het effect van IRT en de resultaten zijn veelbelovend. De meeste mensen met hardnekkige nachtmerries hebben baat bij deze methode (Lancee, Van Schagen, Swart, & Spoormaker, 2011).
De behandelmethode, zoals beschreven in dit werkboek, is in principe geschreven voor de behandeling van nachtmerries met hulp van een psycholoog of psychothe-

rapeut die gespecialiseerd is in de cognitieve gedragstherapie. Het meeste werk gebeurt echter buiten de sessies met de therapeut, door thuis de opdrachten en oefeningen uit te voeren.

Thuiswerk

Aan het einde van de eerste sessie zullen de eerste thuiswerkopdrachten met u doorgenomen worden. De gemaakte opdrachten zullen steeds aan het begin van de behandelsessie besproken worden. Het thuiswerk is bedoeld om buiten de sessies actief aan de slag te gaan met uw nachtmerries, op het moment dat u de meeste last hebt van de nachtmerries. Het is natuurlijk belangrijk dat de opdrachten voor u haalbaar zijn; dit zal dan ook regelmatig gevraagd worden. Als u denkt dat bepaalde opdrachten niet te doen zijn, is het belangrijk dat u dit meteen met uw therapeut bespreekt. Zo kan uw therapeut samen met u op zoek gaan naar meer haalbare opdrachten. Voor het beste behandelresultaat is het belangrijk dat u de opdrachten ook echt uitvoert.

Aan het einde van elke sessie bespreekt de therapeut met u het thuiswerk voor de volgende sessie. Vaak lukt het beter om het thuiswerk uit te voeren als u er tijd voor inplant in uw dagschema. Ook kunt u gebruikmaken van uw mobiele telefoon om u te herinneren aan het uitvoeren van de opdrachten. U kunt met uw therapeut bespreken welk tijdstip voor u het best uitkomt.

Opzet werkboek

Dit werkboek is opgebouwd aan de hand van de verschillende sessies van de therapie. Elke sessie heeft dezelfde opbouw. Zo begint u – met uitzondering van de eerste sessie – met het bespreken van vragen die u hebt naar aanleiding van de vorige sessie, gevolgd door het bespreken van de gemaakte thuiswerkopdrachten. Vervolgens zal er nieuwe stof worden doorgenomen en in de sessie geoefend worden met opdrachten. Ten slotte komt het thuiswerk voor de volgende keer aan de orde. In het cliëntenboek vindt u de meeste uitleg die u tijdens de bijeenkomsten van uw therapeut krijgt. Zo hoeft u de informatie niet in één keer te onthouden maar kunt u het thuis nog eens doorlezen, en oefeningen herhalen.

Hieronder staat de opbouw van de behandeling puntsgewijs weergegeven.

Globaal overzicht van de sessies

Sessie 1 Slapen en nachtmerries

Meer te weten komen over uw slaappatroon en uw nachtmerries. Een vragenlijst invullen om uw nachtmerries in kaart te brengen en lezen over slaap, nachtmerries en de achtergrond van de behandeling.

Sessie 2 Het ontstaan van nachtmerries

Uitleg van het registratieformulier voor het bijhouden van slaap en nachtmerries. Uitleg van 'imaginatie- en rescriptingtherapie' (IRT). Kijken naar de eigen gedachten die samen kunnen hangen met de oorzaak van de nachtmerries.

Sessie 3 De veilige plek

Bespreken van de gelezen stof in het werkboek en de registraties van nachtmerries. Oefenen met het inbeelden van een zogenaamde 'veilige plek' tijdens de sessie.

Sessie 4 Een nieuw einde aan de nachtmerrie

Bespreken van het thuiswerk, hoe het ging met het registreren en het inbeelden van de veilige plek (evt. opnieuw oefenen). Kiezen van een ander einde van de nachtmerrie en het inbeelden van de nieuwe nachtmerrie.

Sessie 5 Oefenen met de nieuwe droom

Bespreken van het thuiswerk. Hoe vaak is het gelukt om het nieuwe einde van de nachtmerrie in te beelden? Is die nachtmerrie nog voorgekomen? U beeldt tijdens de sessie nogmaals de nieuwe droom in. Daarna wordt gekeken of er aanpassingen nodig zijn en of er met andere nachtmerries begonnen moet worden.

Sessie 6 Knelpunten en slaappatroon

Bespreken van het thuiswerk en de voortgang. Speciale aandacht wordt gegeven aan het inbeelden van de nieuwe droom: bent u nog tevreden met het nieuwe einde of moet het bijgesteld worden? Slaapproblemen en knelpunten komen ook aan bod.

Sessie 7 De laatste sessie en het voorkómen van terugval

Bespreken van het thuiswerk, de voortgang en de afsluiting. Samen met uw therapeut maakt u een plan om terugval te voorkomen.

1 Slapen en nachtmerries

Wat komt er aan bod in deze sessie?

Voordat de behandeling begint, is het belangrijk om meer te weten te komen over uw slaappatroon en uw nachtmerries. In deze sessie zal uw therapeut vragen aan u stellen over uw slaappatroon en uw nachtmerries.

a) Vragen over uw slaappatroon

- Op welke tijd(en) gaat u naar bed en staat u op?
- Hoe lang duurt het voor u inslaapt?
- Hoe vaak wordt u tussendoor wakker zonder dat u een nachtmerrie hebt?
- Hoe lang duurt het voordat u weer inslaapt als u tussendoor wakker bent geworden zonder dat u een nachtmerrie hebt?
- Hoe laat wordt u 's ochtends wakker? Is dat vóór het tijdstip dat u moet opstaan?
- Voelt u zich uitgerust als u wakker wordt?
- Doet u overdag wel eens een dutje? Zo ja, hoe vaak en hoe lang?
- Als u overdag slaapt, hebt u dan ook last van nachtmerries?
- Slikt u slaapmedicatie? Zo ja, welke? Hoe lang gebruikt u deze medicatie al? Welke dosering slikt u?

b) Vragen over uw nachtmerries

- Hoe vaak hebt u nachtmerries?
- Wanneer zijn de nachtmerries begonnen? Hoe lang is dat geleden?
- Is er een bepaalde gebeurtenis geweest waarna de nachtmerries zijn begonnen? Zo ja, kunt u iets meer vertellen over die gebeurtenis?
- Wordt u wakker van de nachtmerries?
- Wat doet u als u wakker wordt van nachtmerries?
- Hoe lang duurt het voordat u weer inslaapt als u tussendoor wakker bent geworden door een nachtmerrie?
- Stelt u het uit om te gaan slapen?
- Wanneer komen nachtmerries minder vaak voor? Wanneer meer?
- Wat voor nachtmerries hebt u? Zijn het herbelevingen van een nare gebeurtenis, zijn ze eerder thematisch (bijv. achtervolging), zijn ze herhalend?
- Wat voor strategieën past u toe om de nachtmerries te verminderen, of er minder last te hebben?
- Neemt u medicatie om beter te slapen? Zo ja, welke?
- Merkt u effect van de medicatie op uw nachtmerries? Zo ja, wat is het effect?

c) Vragenlijst Screening Nachtmerries

1. Ik heb vervelende dromen	ja / nee
2. Ik word wakker van deze dromen	ja / nee
3. Ik herinner me de inhoud van deze dromen	ja / nee
4. Ik weet meteen als ik wakker word dat het maar een droom was	ja / nee
5. Ik heb lichamelijke verschijnselen tijdens of na zo'n angstige droom (bewegingen, zweten, hartkloppingen, benauwdheid etc.)	ja / nee
Door mijn nachtmerries/vervelende dromen:	
6 voel ik me moe bij het opstaan	ja / nee
7. voel ik me overdag slaperig	ja / nee
8. worstel ik om alert te blijven	ja / nee
9. ben ik overdag snel geïrriteerd	ja / nee
10. heb ik moeite me te concentreren op mijn werk of op school	ja / nee

Uw therapeut zal samen met u de antwoorden bekijken.

d) Introductie Dagboek Slaap en Nachtmerries

Een van de terugkerende thuiswerkopdrachten is het invullen van het Dagboek Slaap en Nachtmerries (formulier 1). Op die manier kunt u in de gaten houden hoe het met uw nachtmerries gaat. Ook kunt u zien of de behandeling effect heeft en er verbetering optreedt. U bespreekt het Dagboek Slaap en Nachtmerries steeds met uw therapeut. Zo kunt u samen bekijken of de behandeling de goede kant op gaat of eventueel moet worden bijgestuurd. Het is de bedoeling dat u gedurende de hele behandeling iedere sessie een ingevuld Dagboek Slaap en Nachtmerries meeneemt.

e) Uitleg van het thuiswerk voor sessie 2

Samen met uw therapeut bespreekt u het thuiswerk voor de volgende sessie. De leesstof en het formulier voor het thuiswerk vindt u op de volgende pagina's.

Thuiswerk voor sessie 2

1 Lezen van de informatie in het werkboek
   a over slaap;
   b over nachtmerries;
   c over de behandeling.
2 Opschrijven van de antwoorden op de vragen over uw slaappatroon en nachtmerries in uw werkboek
3 Bijhouden Dagboek Slaap en Nachtmerries (formulier 1)
4 Neem de informatie over uw slaap en nachtmerries mee naar de volgende sessie bij uw therapeut.

Ad 1 Lezen informatie

Informatie over slaap

Nederlanders slapen gemiddeld zo'n zeven uur en een kwartier per nacht, hoewel mensen nogal kunnen verschillen in de hoeveelheid slaap. Waar de een zes uur slaapt, slaapt de ander negen tot tien uur. De meeste mensen slapen tussen de zeven en acht uur per etmaal: ongeveer een derde van ons hele leven. Als we slapen lijkt het of ons lichaam niets doet. Toch gebeuren er tijdens de slaap in onze hersenen bijzondere dingen, die aan de buitenkant niet te zien zijn. De slaap bestaat grof gezegd uit twee gedeeltes:

1. In het begin van de slaap is er voornamelijk diepe slaap, aangevuld met wat lichtere slaap en REM-slaap (droomslaap) (ongeveer de eerste vier à vijf uur, de eerste helft van de nacht).
2. Aan het einde van de slaap is er uitsluitend lichte slaap en geen diepe slaap meer (laatste uren, tweede helft van de nacht).

Onze hersenen geven overdag en 's nachts een klein beetje elektrische lading af, wat we kunnen meten met behulp van elektrodes op het hoofd. Dan blijkt dat onze hersenactiviteit 'golvend' is. Daarom wordt hersenactiviteit ook wel uitgedrukt in hersengolven. De hersengolven worden beïnvloed door wat u aan het doen bent. Verrassend is dat onze hersengolven tijdens de slaap steeds veranderen. Deze hersengolven zijn bij het begin van de slaap nog vrij onrustig. Dit is ook niet zo raar, want de slaper was net nog klaarwakker – met de snelle, onregelmatige en onrustige golven die daarbij horen. Dit eerste stadium van de slaap wordt ook wel slaapstadium één genoemd (zie figuur 1). Na enkele minuten beginnen de hersengolven langzamer en dieper te worden. Dit heet slaapstadium twee. In dit stadium heeft de slaper af en toe nog korte hersengolven (uitbarstingen van activiteit), maar komen soms ook diepe, langzame golven voor. Als na ongeveer tien tot vijftien minuten slaap de diepe, langzame golven nog vaker voorkomen, spreken we van *'slow wave sleep'* (SWS). Als iemand in SWS zit, is de slaap ook dieper dan in stadium één of twee. Iemand is dan moeilijker wakker te maken en rust meer uit. De slaap in SWS is de diepste die er is. Vooral dit stadium lijkt het sterkst verband te houden met de herstelfunctie van slaap, en in dit stadium komt bijvoorbeeld ook het groeihormoon vrij.
Na dit diepste stadium kan de slaap alleen maar lichter worden: de slaper keert weer terug naar stadium twee, en uiteindelijk naar stadium één. Dan gebeurt er echter iets bijzonders. De slaper wordt niet wakker, maar slaapt verder – in een bijzonder slaapstadium. Tijdens dit slaapstadium zijn de hersenen ontzettend druk bezig. Verder is het hele lichaam volledig ontspannen (op rondschietende ogen en geprikkelde genitaliën na). De combinatie van een druk brein en een rustig lichaam lijkt tegenstrijdig, daarom wordt dit stadium ook wel 'paradoxale slaap' genoemd. Omdat de ogen zo heen en weer schieten (snelle oogbewegingen) kent dit stadium tevens een andere, bekendere naam: Rapid-Eye-Movement-slaap (REM-slaap).
Mensen die tijdens de REM-slaap wakker gemaakt worden, kunnen zich in ongeveer tachtig procent van de gevallen een droom herinneren. Deze dromen bestaan uit intense beelden en ingewikkelde (soms zelfs bizarre) en emotionele verhaallijnen: dit zijn dromen zoals de meeste mensen die wel kennen. Dromen komen ook voor tijdens andere stadia (bijvoorbeeld stadium twee), maar deze zijn minder intens en emotioneel.
Samenvattend: de slaap bestaat dus uit 'rondes' die gaan van slaapstadium 1-2-SWS-2-1 tot en met REM. Een dergelijke ronde wordt een slaapcyclus genoemd, en deze duurt ongeveer negentig tot honderd minuten. Als iemand acht uur

slaapt, heeft diegene dus ongeveer vijf slaapcycli doorlopen. Ook dit is weer gemiddeld: soms gaan we een slaapstadium terug of slaan we er weer één over, en soms duurt een stadium iets korter of langer, maar over het algemeen is dit hoe onze slaap verloopt.

Verder is belangrijk dat de slaapcycli minder diep worden naarmate de slaap vordert. SWS kan bij de eerste cyclus nog wel eens drie kwartier duren, maar bij de tweede cyclus duurt SWS hooguit nog een halfuur. In de derde slaapcyclus duurt SWS vaak maar een kwartier, en in de laatste cyclus voor het wakker worden, wordt SWS zelfs niet meer gehaald. Hier staat tegenover dat de REM-stadia steeds langer worden naarmate de slaap vordert. Dit is het omgekeerde van de diepe SWS. Er is weinig REM-slaap in de eerste cyclus (veelal iets van tien minuten) maar die wordt steeds langer: bij de laatste slaapcyclus kan meer dan zestig van de negentig minuten REM-slaap zijn.

Dus: hoe langer iemand slaapt, hoe meer REM-slaap hij of zij heeft. Aangezien vooral tijdens de REM-slaap dromen optreden, kunnen we derhalve zeggen dat iemand meer droomt aan het einde van de nacht ('s ochtends dus). In totaal heeft iedereen ongeveer twee uur REM-slaap per nacht: iedereen is zodoende ongeveer 25 procent van de slaap aan het dromen. Dit geldt ook voor mensen die zeggen dat ze nooit dromen: als zij in een slaaplaboratorium tijdens de REM-slaap wakker worden gemaakt, kunnen ze zich wel een droom herinneren. Iedereen droomt dus, maar niet iedereen kan het zich evengoed herinneren. Het verloop van de slaap ziet er ongeveer uit als in figuur 1.

In het kort: Slaap is een actief proces met verschillende stadia. SWS is het diepste stadium en REM-slaap is het stadium waarin we dromen.

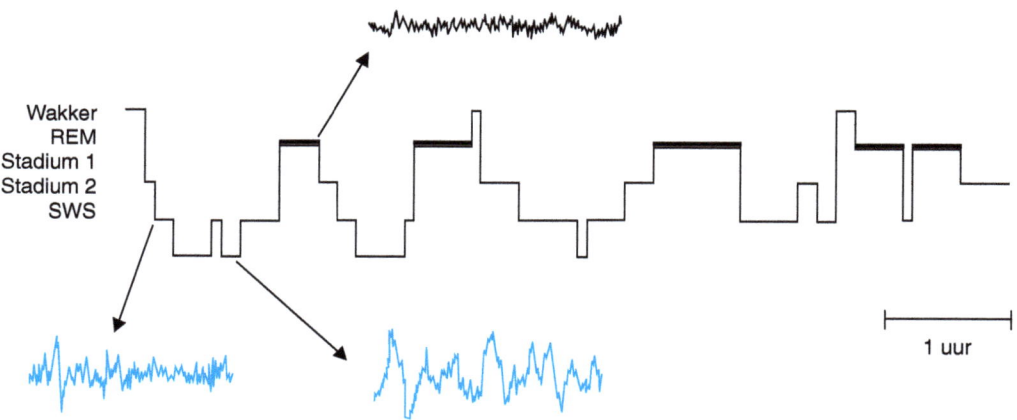

Figuur 1
Hypnogram.
Verticaal wordt de frequentie van de hersengolven weergegeven, horizontaal het aantal uren slaap. De hersenactiviteit kan met behulp van elektro-encefalografie (EEG: elektrodes op het hoofd) gemeten worden. De hersenactiviteit wordt in golven op papier weergegeven. De pijltjes verwijzen naar de uitslag van de EEG in de verschillende slaapstadia. Veel activiteit geeft dus korte en snelle golfjes, weinig activiteit geeft lange en trage golven.

Informatie over nachtmerries

Nachtmerries zijn vervelende dromen waaruit de dromer doorgaans wakker schrikt. Bijna altijd heeft de dromer na de nachtmerrie een duidelijke herinnering aan de vervelende situatie uit die droom. De nachtmerries kunnen variëren van een achtervolging, vallen, verdrinken, het herhalen van een vervelende gebeurtenis en anderen zien overlijden tot andere dingen die een mens angst kunnen aanjagen (Spoormaker, 2005).

Nachtmerries komen vrij vaak voor. Ongeveer twee tot vijf procent van de bevolking heeft er zelfs erg veel last van. Nachtmerries verstoren namelijk de slaap doordat u wakker schrikt en het even kan duren voordat u weer in slaap valt. Ook zorgen nachtmerries voor extra stress en angst bij het wakker worden en het in slaap vallen. Ook overdag kunt u er last van hebben doordat u steeds terug moet denken aan de nachtmerrie en dan opnieuw bang wordt. Onlangs is gebleken dat bij mensen met psychische problemen, zoals depressieve klachten of angsten, nachtmerries nog vaker voorkomen. Ongeveer dertig procent van deze mensen heeft last van nachtmerries. Andersom hoeven mensen met nachtmerries niet per definitie last van een psychische stoornis te hebben – nachtmerries treden ook vaak op zonder dat er andere psychische problemen zijn.

Soorten nachtmerries

Nachtmerries zijn er in twee soorten.[1] De eerste soort nachtmerries ontstaat na een ingrijpende gebeurtenis, ook wel een trauma genoemd. Deze nachtmerries zijn dan vaak een herhaling van de traumatische ervaring (of ze zijn gerelateerd aan de traumatische ervaring); ze zijn daardoor extra vervelend en intens. Dat worden posttraumatische nachtmerries genoemd. Het merendeel van de mensen die een trauma hebben opgelopen (40-98%) heeft last van deze nachtmerries. Het tweede type nachtmerries betreft nachtmerries die niets met een traumatische ervaring te maken hebben. De onderwerpen van deze nachtmerries zijn vaak bepaalde thema's die heftige emoties oproepen (bijvoorbeeld achtervolgd worden, vallen, verdrinken, of een dierbaar persoon verliezen). Het kan zijn dat de nachtmerries zich steeds op dezelfde manier herhalen. Ook gebeurt het dat iedere nachtmerrie in een andere situatie speelt, maar het thema hetzelfde blijft. Uiteraard kunnen mensen ook twee of meer thema's hebben, of zelfs beide soorten nachtmerries.

Onderscheid tussen nachtmerries en pavor nocturnus

Wordt u schreeuwend wakker in de nacht en weet u niet waar u bent of wat er gebeurd is, dan is er een kans dat u last hebt van *pavor nocturnus* (slaapterreur of nachtelijke angstaanval). Dit zijn een soort nachtelijke paniekaanvallen, waarbij er weinig of geen beelden zijn, laat staan een verhaallijn, maar vooral een diep gevoel van angst en bedreiging. Na het wakker worden duurt het soms wel enkele minuten voordat de persoon weet waar hij of zij is (en deze tijd wordt nogal eens schreeuwend of wild bewegend doorgebracht), en hij of zij kan moeilijk gekalmeerd worden. De persoon heeft meestal geen herinnering aan een specifieke droom of droominhoud en de aanval zelf wordt doorgaans ook niet onthouden. Een ouder/huisgenoot vertelt bijvoorbeeld dat hij of zij de persoon heeft horen schreeuwen of heftig bewegen in bed, of de persoon zelf ontdekt de volgende dag dat zijn/haar bed overhoop ligt. Deze aanvallen treden op tijdens de *slow wave sleep* (SWS) en ze worden vaak met nachtmerries verward. Er is nog weinig bekend over behandeling van pavor nocturnus. Als u hier last van hebt, raden wij u aan om via uw huisarts een afspraak bij een slaapcentrum te maken.

1 Kijk voor meer informatie over verschillende soorten nachtmerries op www.nachtmerries.org.

Oorzaken van nachtmerries
Veel mensen hebben herhalende nachtmerries zonder dat zij weten hoe deze ooit zijn begonnen. Enkele situaties die te maken kunnen hebben met het ontstaan van nachtmerries zijn:
– een vervelende gebeurtenis;
– een te levendige fantasie in combinatie met snel angstig zijn;
– het gebruik van medicijnen of andere middelen (bijv. drank of drugs).Dit wil overigens niet zeggen dat als een van de bovenstaande situaties aan de orde is, dat het dan zeker is dat er nachtmerries komen. Er zijn genoeg mensen die ondanks vervelende gebeurtenissen in hun leven geen nachtmerries krijgen. Het betekent dus dat er niet één oorzaak is voor nachtmerries en dat we nog niet goed weten waarom de ene persoon nachtmerries krijgt en de andere niet.

Gevolgen van nachtmerries
Door het wakker schrikken verstoren nachtmerries de slaap. Hierna kan het even (of heel lang) duren voordat u weer in slaap valt. Ook als u niet wakker schrikt, kunnen nachtmerries heel vervelende gevolgen hebben. Nachtmerries zorgen voor extra stress en angst, niet alleen bij het wakker worden, maar ook overdag. Nachtmerries kunnen het dagelijks functioneren belemmeren en de psychische en ook de fysieke gezondheid verminderen. Frequente nachtmerries kunnen daarnaast ook tot andere slaapstoornissen leiden, zoals chronische slapeloosheid.
Bovenstaande gevolgen gelden niet voor iedereen die nachtmerries heeft. Er zijn mensen die er, hoewel ze vaak nachtmerries hebben, weinig last van hebben, bijvoorbeeld omdat de nachtmerries niet zo intens zijn. Bij anderen komen nachtmerries zo weinig voor dat ze er weinig negatieve gevolgen van ondervinden. Als u merkt dat de meeste genoemde gevolgen op uw situatie van toepassing zijn en dat de nachtmerries uw slaappatroon en functioneren overdag negatief beïnvloeden is het verstandig om hulp te zoeken.

Verhelpen van nachtmerries
Soms denken mensen dat het niet verstandig is om nachtmerries te behandelen, omdat nachtmerries een functie zouden hebben. Tot nu toe is er geen wetenschappelijk bewijs gevonden dat terugkerende nachtmerries een functie hebben. Het enige waar herhalende nachtmerries voor zorgen is een verstoorde slaap, veel angst en een lager niveau van welbevinden. Alleen nachtmerries die u van tevoren over een belangrijke gebeurtenis hebt, kunnen een functie hebben – namelijk dat u het ergste verwacht en de gebeurtenis zelf lijkt mee te vallen. Het is mogelijk dat nachtmerries na een trauma vanzelf weer verdwijnen. Deze nachtmerries veranderen dan van exacte herbelevingen in meer symbolische nachtmerries, en uiteindelijk blijft er alleen nog maar een niet-bedreigende droom over. Dat is helaas zelden het geval – de meeste mensen hebben jaren last van nachtmerries en zullen het nog jaren blijven hebben als zij er niets aan doen.

Ontstaan van (herhalende) nachtmerries
Een nachtmerrie kan ontstaan doordat de dromer vervelende dingen verwacht. Hoe meer negatieve verwachtingen iemand bijvoorbeeld heeft bij een droombeeld als een donkere steeg, hoe groter de kans dat hij/zij een nachtmerrie ontwikkelt. 'Wat is dat voor een duister figuur daar? Kijkt hij naar mij? Wil hij wat van mij? Ik kan maar beter weglopen. Loopt hij nu achter me aan?' Als iemand al vaker zo'n achtervolgingsnachtmerrie heeft beleefd, dan weet hij of zij precies wat hij/zij kan verwachten. Zo kunnen zulke gedachten ervoor zorgen dat het 'achtervolgingsverhaal' opnieuw gestart wordt. En hoe meer nachtmerries,

hoe negatiever de verwachtingen bij bepaalde droombeelden. Zo komt u in een vicieuze cirkel terecht. U kunt een nachtmerrie vergelijken met een enge film die in uw hersenen wordt afgespeeld. Hoe vaker de film wordt herhaald, hoe dieper de beelden in uw geheugen worden gebrand.

Veel mensen die last hebben van nachtmerries proberen iedere gedachte aan de nachtmerrie te vermijden. Ze proberen er overdag vooral niet aan te denken, want de nachtmerrie is behoorlijk angstaanjagend. Ook als ze 's nachts wakker worden uit een nachtmerrie, trachten ze zo snel mogelijk aan iets anders te denken. Het gebeurt dan juist dat mensen overdag spontaan aan de nachtmerrie herinnerd worden. Meestal proberen mensen de gedachten aan de nachtmerrie weer weg te drukken. Dit helpt vaak maar even. Het vervelende hiervan is dat het niet helpt om de nachtmerrie te laten verdwijnen. Dit komt doordat het vermijden van nare gedachten aan de nachtmerrie de nachtmerrie gewoon in zijn originele vorm laat bestaan. Door er overdag niet aan te denken, bijvoorbeeld door iets anders te gaan doen, wordt de nachtmerrie slechts tijdelijk weggestopt. Het is nog niet precies duidelijk hoe nachtmerries herhalend kunnen worden, maar het waarschijnlijkst is dat het begint bij de herinnering aan een nachtmerrie. Een normale reactie is dan om deze te vermijden, zoals mensen overdag zullen doen. 's Nachts is dit lastiger, want uw bewustzijn werkt anders, u bent er niet helemaal bij en kunt de nachtmerrie dus niet zomaar 'wegstoppen'. Het verhaal van de nachtmerrie kan dan weer van start gaan. Als er een beeld is dat lijkt op het begin van de vervelende droom, bestaat de kans dat de nachtmerrie gaat starten. Hoe vaker de nachtmerrie gedroomd wordt, hoe beter die aangeleerd wordt, en hoe toegankelijker zij wordt tijdens het slapen. De herinnering wordt nu nog verder in het geheugen gebrand. Als dit zo is, dan zou de kans steeds groter worden dat de volgende keer de nachtmerrie afgespeeld wordt. Hierdoor kan de nachtmerrie zich dus verder ontwikkelen tot een herhalende nachtmerrie die heel gemakkelijk bij verschillende beelden van start gaat (Spoormaker, 2008). In figuur 2 is de vicieuze cirkel van herhalende nachtmerries weergegeven. Dit model moet nog door experimenteel onderzoek worden getest.

Hoe werkt de behandeling? (Rationale)

Het vervelende aan herhalende nachtmerries is dat ze niet vanzelf weggaan. Hoewel u soms vanzelf een tijdje minder nachtmerries kunt hebben (veel mensen hebben bijvoorbeeld minder nachtmerries als ze op vakantie zijn), zijn er ook perioden waarin u juist meer nachtmerries kunt hebben (bijvoorbeeld tijdens perioden van stress). De hoeveelheid nachtmerries lijkt dus te kunnen toe- en afnemen, maar als u eenmaal nachtmerries hebt, gaan ze meestal niet zomaar weg.

Ook al kunnen nachtmerries ontstaan als onderdeel van een andere stoornis (zoals posttraumatische stressstoornis of een andere angststoornis), op een gegeven moment kunnen ze een aparte, onafhankelijke klacht worden. Mensen die behandeld zijn voor de onderliggende stoornis blijven vaak nog klagen over nachtmerries. En mensen die thematische nachtmerries hebben, hebben doorgaans al heel lang nachtmerries zonder dat er sprake is van een angststoornis. Ook is het belangrijk om te beseffen dat deze in uw geheugen gebrande film op ieder moment tijdens uw REM-slaap kan starten. Per nacht hebt u ongeveer vijf REM-perioden, die duren van 5 à 10 minuten (de eerste, na ongeveer anderhalf uur slaap) tot 45 minuten (de laatste, vlak voordat u 's ochtends wakker wordt en opstaat). Tijdens zo'n REM-periode droomt u (meestal). U ziet allerlei beelden

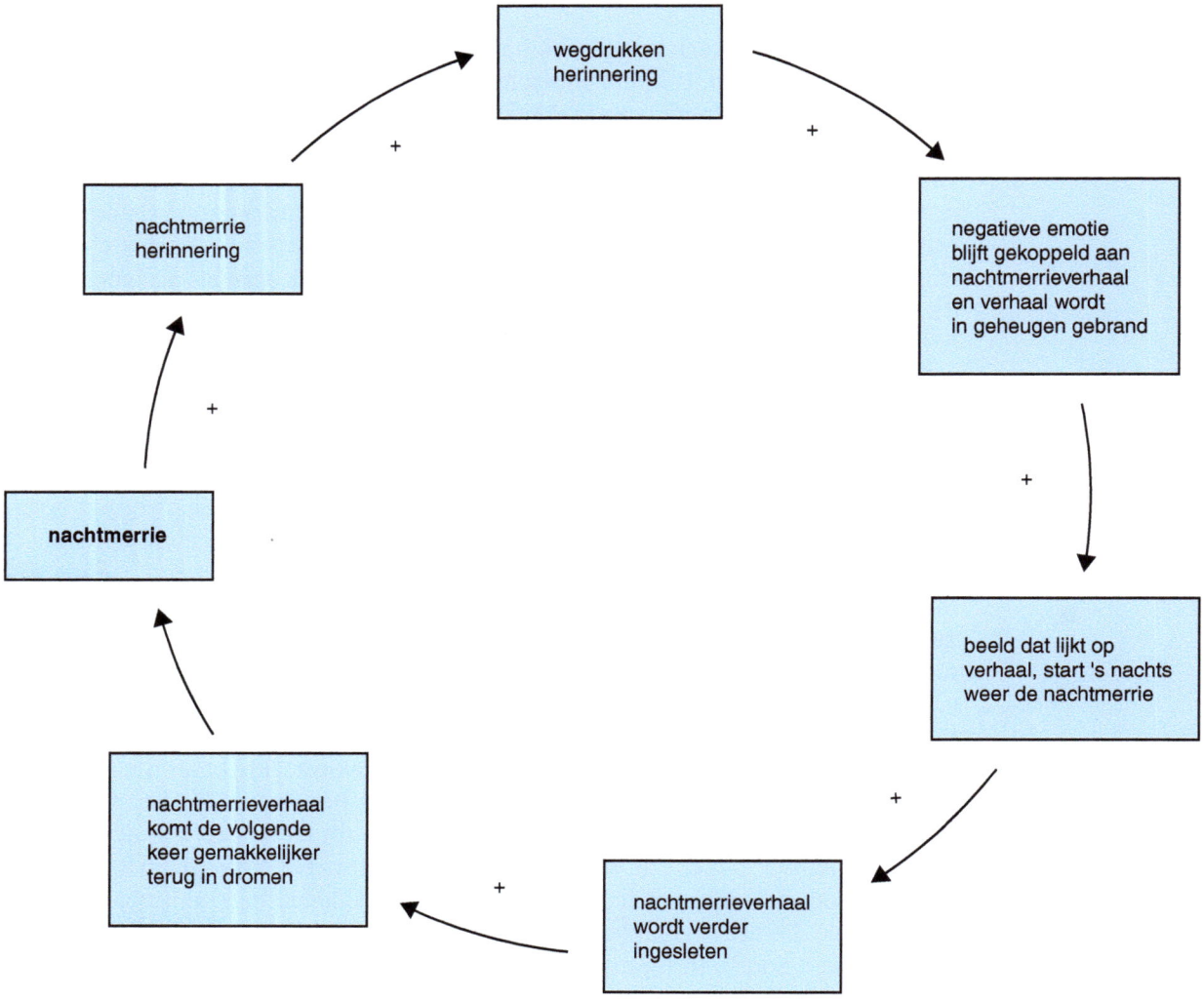

Figuur 2
Vicieuze cirkel nachtmerries

van dingen die er niet zijn en die vanuit uw hersenen voor uw ogen worden geprojecteerd (bijvoorbeeld uw vader of moeder). Nu kunnen die beelden u soms een beetje doen denken aan uw traumatische ervaring (of aan de verhaallijn van uw nachtmerries). Voorbeeld: u hebt een overval in een winkel meegemaakt, en u droomt over een supermarkt. Zo'n neutraal beeld (als de supermarkt) kan dan het startsein zijn voor uw nachtmerrie, waardoor dat nare gebeuren zich weer opnieuw afspeelt in uw hoofd. Het is te vergelijken met de play-knop van uw dvd-speler. Drukt u op 'play', dan speelt die angstaanjagende film zich weer af. Bij posttraumatische nachtmerries wordt meestal het precieze verhaal van de vervelende gebeurtenis in het geheugen gebrand. Bij andere nachtmerries wordt eerder de algemene verhaallijn in het geheugen gebrand. Bijvoorbeeld: u ziet een angstaanjagende persoon, die komt achter u aan, u vlucht weg, hij/zij haalt u in, u schrikt wakker (Spoormaker, 2008; Spoormaker, Schredl, & Van den Bout,, 2006; Wittmann, Schredl, & Kramer, 2007). Ieder bedreigend beeld roept automatisch het volgende bedreigende beeld op.

Uw nachtmerries zijn dus te vergelijken met een nare film die keer op keer afgedraaid wordt in uw hoofd. Daarom kunnen we ons bij de behandeling van nachtmerries het best richten op de film zelf – om ervoor te zorgen dat deze anders verloopt. Ook kan het handig zijn om ervoor te zorgen dat de 'play-knop' minder vaak wordt ingedrukt, bijvoorbeeld door ontspanningsoefeningen te doen of beter te slapen. Daarover later meer.

De behandeling met imaginatie- en rescriptingtherapie (IRT) voor nachtmerries ziet de nachtmerriefilms als verhalen die niet wenselijk zijn. Zo'n film is een gewoonte of verwachtingspatroon, en dat moeten we veranderen. IRT verandert de nachtmerriefilm door het verhaal een andere draai te geven ('rescripting'). Bij IRT wordt overdag geoefend met een ander, (uiteraard) positiever verloop van de nachtmerrie:

1. IRT begint bij de herinnering aan de nachtmerrie.
2. Dan denkt u overdag aan het nieuwe einde van deze nachtmerrie door u de nieuwe film in te beelden ('imaginatie').
3. Als u lang genoeg oefent, kunt u 's nachts de nachtmerrie met het nieuwe einde krijgen.
4. De nachtmerrie is dan niet meer vervelend en komt later niet meer terug. Soms gebeurt dit ook spontaan. U droomt de nachtmerrie niet meer.

U hebt bijvoorbeeld al jaren een angstige droom waarin u wordt achtervolgd door een enge man. Elke nacht dat u deze droom hebt, rent u net zo lang totdat u uitgeput bent en bijna gepakt wordt, dan schrikt u wakker.

Met behulp van IRT gaat u deze nachtmerrie veranderen. Alles kan, niets is te gek. U stopt bijvoorbeeld met vluchten, draait u om en spreekt de man aan. U kunt hem ook aanvallen, of hem veranderen in een kikker. Het gaat erom dat u de nachtmerrie verandert zodanig dat u er minder angstig van wordt.

Wanneer u serieus en aandachtig oefent, verandert de nachtmerrie vanzelf. U overschrijft als het ware de oude film. De nachtmerrie verloopt hierna volgens het positieve verhaal, waardoor de oude nachtmerrie verdwijnt en geen angst meer inboezemt (zie figuur 3). Het komt ook vaak voor dat de nachtmerrie niet verandert in het positieve verhaal, maar helemaal niet meer voorkomt. Dan hebt u er ook geen last meer van.

Het is belangrijk om veranderingen ongeveer op de helft van het verhaal in te zetten. Als u de veranderingen te vroeg doet, herkent u de nachtmerriefilm misschien niet en kunnen de twee dromen naast elkaar blijven bestaan.

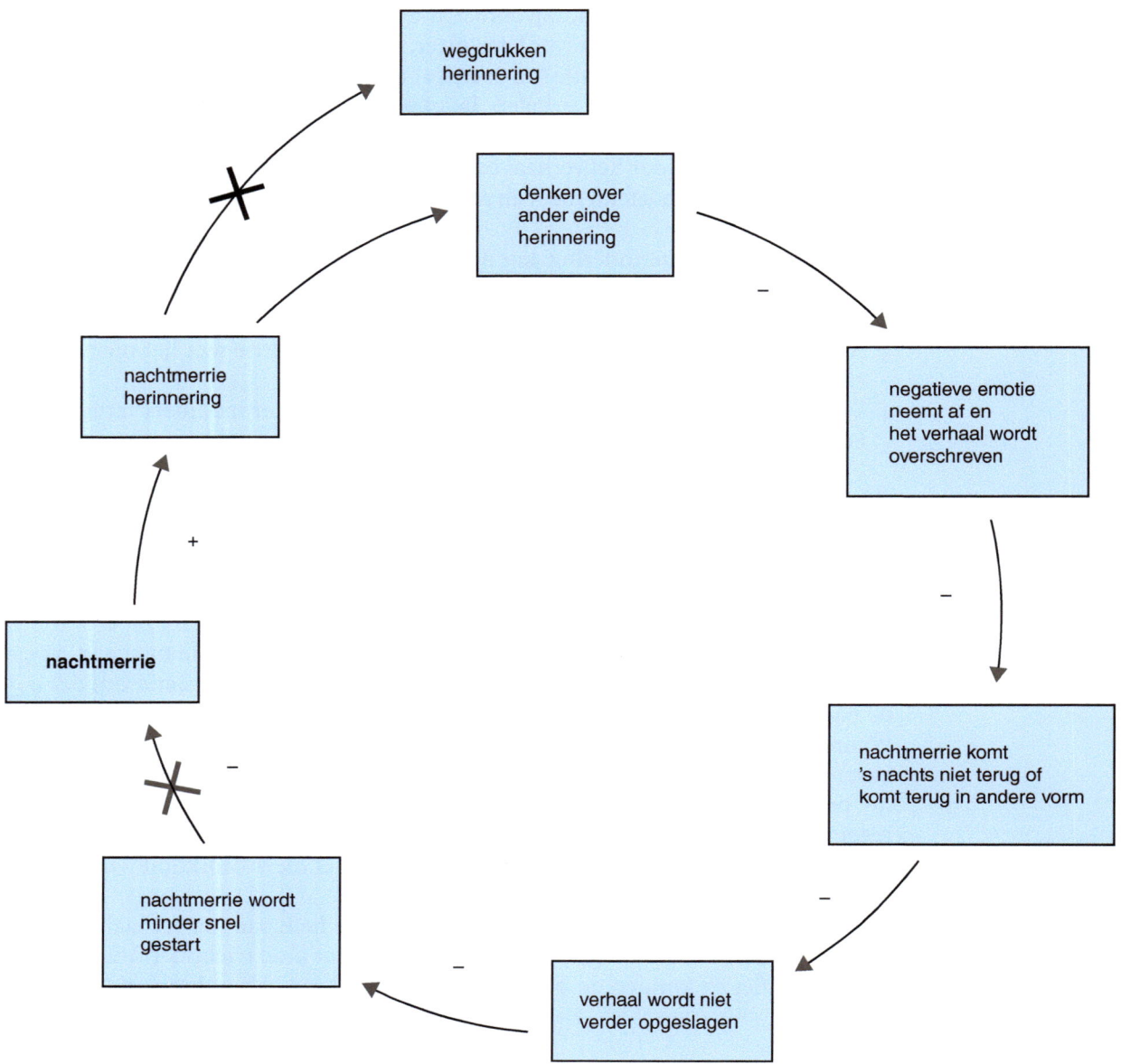

Figuur 3
Het doorbreken van de vicieuze cirkel van de nachtmerrie

Ad 2 Antwoorden op vragen over uw slaappatroon en nachtmerries

(zie sessie 1, deel b)

Ad 3 Dagboek Slaap en Nachtmerries

Het invullen van het Dagboek Slaap en Nachtmerries (formulier 1) is een vast onderdeel van de behandeling. Gedurende de hele behandeling vult u het dagboek dagelijks in. Iedere ochtend bij het ontwaken geeft u in het Dagboek Slaap en Nachtmerries aan hoe goed u geslapen hebt (kolom 1). Vervolgens gaat u na of u die nacht een nachtmerrie hebt gehad. Als dit niet het geval is, zet u een kruis bij de betreffende dag (kolom 2).

Door het Dagboek Slaap en Nachtmerries dagelijks in te vullen krijgt u een beeld van uw nachtmerries. Hierdoor kunt u beter zien hoeveel nachtmerries u hebt en hoe vervelend ze zijn. Ook kunt u zien of er veranderingen optreden door de behandeling. Noteer eerst linksboven het nummer van de week. U vult de volgende onderdelen in over uw nachtmerries:

1 de kwaliteit van uw slaap;
2 het aantal nachtmerries van de afgelopen nacht;
3 hoe vervelend uw nachtmerrie was;
4 of u wakker werd uit uw nachtmerrie;
5 de emotie(s) in uw nachtmerrie;
6 de ernst van de emotie(s) in uw nachtmerrie;
7 het onderwerp van uw nachtmerrie.

Formulier 1: Dagboek Slaap en Nachtmerries

Week:	1 Slaap-kwaliteit	2 Aantal nachtmer-ries	3 Nacht-merrie	4 Wakker	5 Emotie in nacht-merrie	6 Ernst emotie	7 Onderwerp nacht-merrie
Dag 1 Datum:							
Dag 2 Datum:							
Dag 3 Datum:							
Dag 4 Datum:							
Dag 5 Datum:							
Dag 6 Datum:							
Dag 7 Datum:							

1. Vul hier uw slaapkwaliteit in (1 = heel slecht; 10 = heel goed)
2. Aantal nachtmerries: vul uw aantal nachtmerries in
3. Vul de ernst van uw nachtmerrie in (1 = niet zo vervelend; 10 = vreselijk)
4. Vul hier in of u wakker bent geworden uit uw nachtmerrie (ja/nee)
5. Vul hier in welke emotie de boventoon voerde (bijvoorbeeld: A = angst; B = boosheid)
6. Vul hier de ernst of intensiteit van uw emotie in (1 = niet zo intens; 10 = vreselijk intens)
7. Vul hier het onderwerp van uw nachtmerrie in steekwoorden in (bijvoorbeeld: achtervolging / herhaling nare gebeurtenis).

2 Het ontstaan van nachtmerries

Wat komt er aan bod in deze sessie?

a) Bespreken van het thuiswerk voor sessie 2

1. Bespreken van de gelezen stof in het werkboek (zie sessie 1)

In deze sessie staan we eerst stil bij vragen die u hebt naar aanleiding van de vorige sessie of de schriftelijke informatie die u hebt gelezen. Als het goed is, hebt u de afgelopen week gelezen over slaap, nachtmerries en de IRT. Is alles duidelijk? Hebt u hier nog vragen over?

2. Bespreken van het dagboek slaap en nachtmerries (formulier 1)

Bespreek met uw therapeut hoe het was om het Dagboek Slaap en Nachtmerries bij te houden. Is u daarbij iets opgevallen? Viel het u mee, of tegen? Is er iets veranderd in uw nachtmerries of uw slaappatroon? Hoe is het voor u om uw emoties te beschrijven en daar een cijfer aan te geven?

b) Het bijhouden van uw nachtmerries

In het Dagboek Slaap en Nachtmerries wordt u gevraagd in te vullen welke nachtmerrie(s) u gehad hebt. Om het invullen gemakkelijker te maken, kijkt u samen met uw therapeut hoe u de nachtmerries kunt indelen in onderwerpen (zie formulier 2).

c) Kenmerken van uw nachtmerries

Samen met uw therapeut gaat u uw eigen nachtmerries onderzoeken. Hoe denkt u dat uw nachtmerries zijn ontstaan? Denkt u dat u in staat bent om uw nachtmerries te veranderen met de methode van 'imaginatie- en rescriptingtherapie' (IRT)?

d) Nadenken over de oorzaken van nachtmerries

Nachtmerries hebben vaak een vast patroon van beelden dat doorlopen wordt. Het is belangrijk om te ontdekken wat het vaste patroon van uw nachtmerries is. Hierdoor kunt u later gemakkelijker het einde veranderen.
Denkt u eens na over hoe uw nachtmerries ontstaan. Wat is de verhaallijn van uw nachtmerries? Hoe roept het ene beeld het andere op? Wat vindt u daarvan? Lijkt het logisch of niet? Probeer nachtmerries eens te zien als een nare film die voor uw ogen wordt afgespeeld – denkt u dat zo'n verhaal inderdaad in uw geheugen kan worden

gebrand? Denk ook eens na over de vraag of u dat zelf enigszins kunt beïnvloeden. Wat hebben nare gedachten of gevoelens overdag met nachtmerries te maken? Wat is de rode draad van de nachtmerrie? Welke beelden volgen elkaar altijd op? Welke elementen boezemen mij de meeste angst in? Geloof ik dat dit verhaal anders kan? Geloof ik dat dit anderen is gelukt? Geloof ik dat ik dit kan veranderen?

e) Uitleg van het thuiswerk voor sessie 3

Samen met uw therapeut bespreekt u het thuiswerk voor de volgende sessie. De formulieren voor het thuiswerk vindt u op de volgende pagina's.

Thuiswerk voor sessie 3

1. Opnieuw doorlezen van de informatie; schrijf eventuele vragen op
2. Bijhouden Dagboek Slaap en Nachtmerries (formulier 1)
3. Nadenken over en beschrijven van het ontstaan van nachtmerries
4. Uitschrijven meest voorkomende nachtmerrie in het Nachtmerrieschema (formulier 2).

Ad 1 Nieuwe vragen of opmerkingen over de gelezen informatie over slaap en nachtmerries

_____
_____
_____
_____
_____
_____
_____

Ad 2 Bijhouden Dagboek Slaap en Nachtmerries

Vul het Dagboek Slaap en Nachtmerries (formulier 1) dagelijks in. Zie voor instructies sessie 1.

Formulier 1: Dagboek Slaap en Nachtmerries

Week:	1 Slaap-kwaliteit	2 Aantal nachtmer-ries	3 Nacht-merrie	4 Wakker	5 Emotie in nacht-merrie	6 Ernst emotie	7 Onderwerp nacht-merrie
Dag 1 Datum: ………							
Dag 2 Datum: ………							
Dag 3 Datum: ………							
Dag 4 Datum: ………							
Dag 5 Datum: ………							
Dag 6 Datum: ………							
Dag 7 Datum: ………							

1. Vul hier uw slaapkwaliteit in (1 = heel slecht; 10 = heel goed)
2. Aantal nachtmerries: vul uw aantal nachtmerries in
3. Vul de ernst van uw nachtmerrie in (1 = niet zo vervelend; 10 = vreselijk)
4. Vul hier in of u wakker bent geworden uit uw nachtmerrie (ja/nee)
5. Vul hier in welke emotie de boventoon voerde (bijvoorbeeld: A = angst; B = boosheid)
6. Vul hier de ernst of intensiteit van uw emotie in (1 = niet zo intens; 10 = vreselijk intens)
7. Vul hier het onderwerp van uw nachtmerrie in steekwoorden in (bijvoorbeeld: achtervolging / herhaling nare gebeurtenis).

Formulier 1: Dagboek Slaap en Nachtmerries

Ad 3 Nadenken over het ontstaan van nachtmerries

Nachtmerries hebben vaak een vast patroon van beelden dat doorlopen wordt. Deze oefening is belangrijk om u te laten inzien dat er een vast patroon in de nachtmerries zit. Hierdoor kunt u later gemakkelijker het einde veranderen.
Probeer voor uzelf de volgende vragen te beantwoorden:
– Wat is de rode draad van de nachtmerrie?
– Welke beelden volgen elkaar altijd op?
– Welke elementen vind ik het meest angstig?
– Geloof ik dat dit verhaal anders kan verlopen?
– Geloof ik dat het anderen is gelukt om het verhaal van een nachtmerrie te veranderen?
– Geloof ik dat ik daartoe in staat ben?

Schrijf hieronder uw bevindingen op:

_____
_____
_____
_____
_____
_____
_____
_____
_____
_____
_____
_____
_____
_____
_____
_____
_____

Ad 4 Oefening met het opschrijven van nachtmerries

In het Dagboek Slaap en Nachtmerries (formulier 1) wordt u gevraagd in te vullen welke nachtmerrie(s) u gehad hebt. Om het invullen gemakkelijker te maken, kunt u de nachtmerries indelen in onderwerpen. Sommige nachtmerries komen vaker terug. Ook gebeurt het vaak dat de nachtmerries gaan over eenzelfde thema in verschillende situaties. In het Nachtmerrieschema (formulier 2) hebt u de ruimte om uw nachtmerries in het kort te beschrijven. Probeer daarna bij iedere nachtmerrie het onderwerp een bepaald symbool of code te geven, bijvoorbeeld een letter, een teken of een woord. Vervolgens hoeft u in het Dagboek Slaap en Nachtmerries alleen dit symbool van de nachtmerrie te noteren, wat het invullen gemakkelijker maakt.
Enkele zaken zijn van belang om te onthouden als u de nachtmerries gaat opschrijven:
– Als u 's nachts iets wilt opschrijven, gebruik dan steekwoorden. Bedenk dat schrijven in de nacht uw slaap verder kan verstoren. Werk liever uw nachtmerrie de volgende dag uit.

- Leg dit boekje (met pen) naast uw bed, zodat u meteen kunt schrijven als u dit wilt.
- Beschrijf de nachtmerrie zo gedetailleerd mogelijk.
- Gebruik de tegenwoordige tijd. Voorbeeld: 'ik zie een man op mij afkomen.'
- Maak de nachtmerrie zo levendig mogelijk, door zo veel mogelijk zintuiglijke ervaringen op te schrijven.

Formulier 2: Nachtmerrieschema

Korte omschrijving van de nachtmerrie	Onderwerp/code

3 De veilige plek

Wat komt er aan bod in deze sessie?

a) Bespreken van de gelezen stof in het werkboek

De sessie begint met het bespreken van het thuiswerk. Hebt u nog vragen over de informatie over slaap, nachtmerries en de behandeling die u hebt gelezen? Uw therapeut zal u vragen om een samenvatting van de uitleg over de behandeling te geven en vraagt u ook of u denkt dat de behandeling zal werken voor u, en op welke manier.

b) Bespreken van het Dagboek Slaap en Nachtmerries (formulier 1)

Bespreek met uw therapeut hoe het was om het Dagboek Slaap en Nachtmerries bij te houden. Hoe is het voor u om uw emoties te beschrijven en daar een cijfer aan te geven? Zijn er bepaalde dingen die u zijn opgevallen? Viel het u mee, of viel het u tegen?

c) Bespreken van het Nachtmerrieschema (formulier 2)

Veel mensen vinden het lastig om verschillende nachtmerriethema's uit elkaar te houden. Zo kan het zijn dat u het idee hebt steeds verschillende nachtmerries te hebben. Uw therapeut zal uw Dagboek Slaap en Nachtmerries en het Nachtmerrieschema met u doornemen. Samen kijkt u of er bepaalde thema's zijn die bij elkaar genomen kunnen worden tot één onderwerp of code.

d) Oefenen met het inbeelden van de veilige plek tijdens de sessie

De oefening met de veilige plek is bedoeld om te oefenen met het inbeelden van situaties. Het inbeelden wordt ook gebruikt in de therapie tegen nachtmerries. Daarnaast helpt de oefening bij het oproepen van een prettig/veilig gevoel. Dit kan helpen als u later moet oefenen met nachtmerries die nare gevoelens oproepen. Tijdens deze sessie oefent u met het inbeelden van een plek die voor u prettig en/of veilig voelt. Uw therapeut zal u instructies geven. U hoeft niet te onthouden wat uw therapeut zegt, want die instructie staat hierna uitgeschreven. U kunt er ook voor kiezen om een geluidsopname te maken van de instructie van de therapeut, dan kunt u die thuis afluisteren als u gaat oefenen.

> **Instructie**
>
> Stel u voor dat u op een plek bent waar u zich zo prettig mogelijk voelt en u alle controle hebt. Het maakt niet uit of dit binnen of buiten is, in een stad of in de natuur. U hoeft zich alleen maar voor te stellen dat u daar bent – en hoe het eruitziet. (Doe uw ogen maar dicht, of richt uw blik op een bepaald punt in de ruimte). Waar bent u? Wat wilt u het liefst om u heen zien? Wilt u dat er andere mensen op uw plek zijn, of juist niet? Welke mensen zou u graag om u heen willen? Welke geluiden kunnen de plek nog aangenamer voor u maken? Hoe warm is het? Welke geuren kunnen de plek voor u nog prettiger maken? Zit u ergens op, of staat u? Loopt u misschien? Als er dingen nodig zijn om de plek nog aangenamer te maken, voeg die dan toe, of verander wat nodig is. Bedenk dat u volledige controle hebt over deze plek, en dat u dus de enige bent die kan bepalen hoe deze plek eruit komt te zien. Probeer een zo ontspannen mogelijk gevoel over u heen te laten komen.
> Denk eens na over uw aangename plek. Waar is het? Hoe ziet die eruit?
> - Beeld u deze plek in.
> - Zorg dat u deze plek inbeeldt met zo veel mogelijk zintuigen. Als uw favoriete plek het strand is, beeld u zich dan alles in wat bij het strand hoort: de duinen, het goudgele strand en de rollende golven. U hoort deze golven breken en enkele meeuwen roepen. U voelt het zand tussen uw tenen, en af en toe klotst een verkoelende golf tegen uw enkels. U ruikt de frisse zeewind en voelt de warmte van de zonnestralen.
> - Richt u enkele minuten op deze omgeving en het prettige gevoel dat u krijgt bij deze omgeving.
> - Blijf gedurende de oefening rustig en regelmatig ademhalen.
> - Laat een ontspannen gevoel over u heen komen.
>
> U zult merken dat het u kan helpen om de veilige plek op te roepen als u steeds in uw hand knijpt terwijl u aan het oefenen bent. Het kan zijn dat alleen maar knijpen in uw hand op een gegeven moment voldoende is om het veilige en prettige gevoel op te roepen. Als u wilt mag u de veilige plek ook uittekenen. Beschrijf alle details, ook wat u hoort, ziet, ruikt, proeft en voelt aan warmte of koude of tast. Hoe concreter u de veilige plek inbeeldt, des te krachtiger werkt het om het prettige gevoel op te roepen. Oefen met het oproepen van de veilige plek ongeveer vijf keer per dag gedurende een paar minuten. Als u soms nare beelden voor u ziet, probeer u dan meteen weer die 'veilige plek' in te beelden, waar u zich ontspannen voelt. Maak op die manier negatieve beelden ongedaan.

e) Bespreken van het thuiswerk voor sessie 4

Samen met uw therapeut bespreekt u het thuiswerk voor de volgende sessie. De formulieren voor het thuiswerk vindt u op de volgende pagina's. Als u er aan toe bent gaat u de volgende sessie beginnen met het veranderen van het verhaal van uw nachtmerries. Dit kunt u thuis alvast voorbereiden.

Thuiswerk voor sessie 4

1. Bijhouden Dagboek Slaap en Nachtmerries (formulier 1)
2. Inbeelden van de veilige plek (zie uitleg bij d), een paar keer per dag, en vlak voor het slapengaan)
3. Verdergaan met het uitschrijven van de meest voorkomende vervelendste nachtmerrie (zie voor uitleg sessie 2, thuiswerk punt 4 op p. 26) in het Nachtmerrieschema (formulier 2)
4. Eventueel alvast brainstormen over het nieuwe einde van de nachtmerrie.

Formulier 1: Dagboek Slaap en Nachtmerries

Week:	1	2	3	4	5	6	7
	Slaap-kwaliteit	Aantal nachtmerries	Nacht-merrie	Wakker	Emotie in nacht-merrie	Ernst emotie	Onderwerp nacht-merrie
Dag 1 Datum:							
Dag 2 Datum:							
Dag 3 Datum:							
Dag 4 Datum:							
Dag 5 Datum:							
Dag 6 Datum:							
Dag 7 Datum:							

1. Vul hier uw slaapkwaliteit in (1 = heel slecht; 10 = heel goed)
2. Aantal nachtmerries: vul uw aantal nachtmerries in
3. Vul de ernst van uw nachtmerrie in (1 = niet zo vervelend; 10 = vreselijk)
4. Vul hier in of u wakker bent geworden uit uw nachtmerrie (ja/nee)
5. Vul hier in welke emotie de boventoon voerde (bijvoorbeeld: A = angst; B = boosheid)
6. Vul hier de ernst of intensiteit van uw emotie in (1 = niet zo intens; 10 = vreselijk intens)
7. Vul hier het onderwerp van uw nachtmerrie in steekwoorden in (bijvoorbeeld: achtervolging / herhaling nare gebeurtenis).

Formulier 2: Nachtmerrieschema

Korte omschrijving van de nachtmerrie	Onderwerp/code

Ad 4 Oefening voor het bedenken van een nieuw einde van de nachtmerrie

Met het opschrijven van nachtmerries in het Nachtmerrieschema (formulier 2) hebt u uw nachtmerries bijgehouden. Kies uit de nachtmerries die u hebt opgeschreven de minst bedreigende.
Bij deze droom is het de bedoeling uzelf de volgende vraag te stellen: Stel dat alles zou kunnen, wat voor een nieuw einde zou ik dan bij de droom verzinnen? Welke dingen zou ik (nog meer) willen doen? Wat zou ik willen dat er gebeurt? En met welk einde zou ik het liefst wakker worden?
Bedenk dat in een droom alles mogelijk is. Als u bijvoorbeeld achtervolgd wordt, kunt u ervoor kiezen om de achtervolger in een kikker te veranderen, maar ook om u om te draaien en de confrontatie met de achtervolger aan te gaan. Besef dat elk einde een gevolg heeft, bedenk welk einde voor u het best zou werken.
Let op dat u de nachtmerrie ongeveer in het midden van het verhaal verandert. Als u het verhaal helemaal aan het begin verandert, zult u het waarschijnlijk niet meer herkennen in uw droom, en als u het aan het einde doet, kunt u er misschien niets meer aan veranderen. In het kader staat een voorbeeld van een nachtmerrie waarbij het einde is aangepast.

> **Voorbeeld van een nachtmerrie met een nieuw einde**
> 'Ik loop in het donker over straat. De lantaarnpalen geven een zwak licht af. Het waait en miezert lichtjes. Ik stap met mijn voet over een plas. In een steegje rechts van mij zie ik iets bewegen. Ik blijf staan en kijk nog eens goed. Ik zie een donkere schaduw zich snel tegen een muur drukken. Het is de gestalte van een man. Wat doet hij daar? Nou ja, dat hoef ik ook niet te weten. Zolang hij het maar niet op mij gemunt heeft. Snel loop ik door. Na enige seconden hoor ik ineens voetstappen – en dat zijn niet de mijne. Ik kijk achterom en mijn nekharen staan meteen recht overeind. De man loopt achter mij aan! O, nee! Dit gaat fout! Ik versnel mijn pas, maar hoor de voetstappen nog sneller gaan. Ik kijk om, en schrik opnieuw. De man is ineens veel dichterbij gekomen. Argh, nee! Ik begin te rennen, midden op straat. De man rent achter mij aan, en ik hoor zijn voetstappen naderen. Ik probeer nog harder te rennen, maar dit lukt niet. Integendeel, ik loop steeds moeizamer. Het lijkt wel alsof ik tot aan mijn middel door de stroop moet waden. Ik kom nog maar nauwelijks vooruit, het gaat steeds trager. Mijn achtervolger is nu nog maar op een paar meter afstand. Hij heeft me nu bijna, ik hoor zijn adem al. En dan... schrik ik wakker.'
>
> Met het nieuwe einde begint de droom hetzelfde, maar gaat anders verder:
> '... De man rent achter mij aan, en ik hoor zijn voetstappen naderen. Ik probeer nog harder te rennen, maar bedenk me. Waar ben ik nou mee bezig? Hier heb ik helemaal geen zin in. Ik draai me om en kijk recht in het gezicht van de man die achter mij aan liep. Ik kijk hem boos aan, maar hij kijkt rustig terug. Het lijkt wel alsof hij wat wil zeggen. Dan krijg ik te horen: "U had uw portemonnee laten vallen, die wilde ik u teruggeven, vandaar dat ik zo achter u aankwam." Ik slaak een zucht van opluchting. Ik neem de portemonnee aan, bedank hem en dan ... gaat de droom verder.'
> Of:
> '... De man rent achter mij aan en ik hoor zijn voetstappen naderen. Ik heb hier helemaal geen zin in. Ik kijk om me heen. Even verderop zie ik een wat drukkere straat. Ik draai snel om en loop er heen. In de drukke straat zie ik een agent. Ik ga snel naar hem toe. Achter mij zie ik de man met de staart tussen de benen weggaan. Ik haal opgelucht adem en loop verder de stad in.'

> Of:
> '… De man rent achter mij aan en ik hoor zijn voetstappen naderen. Ik draai mij om. Ik zie een onguur type. Ik spreek hem aan en zeg dat ik hier helemaal niet van gediend ben. "Wilt u wel eens even weggaan? Ik heb helemaal geen zin in deze spelletjes!" Ik duw hem weg, en hij valt over een prullenbak. Tevreden loop ik de steeg uit, richting een mooi meertje.'

Het is van belang om een einde te vinden waar u tevreden mee bent, anders lukt het niet goed om u de nieuwe droom in te beelden. Denk hier dus gerust wat langer over na; neem er de tijd voor. U kunt hier beter iets langer aan werken dan dat u dit gehaast doet. Als het niet goed lukt om een nieuw einde te verzinnen, kunt u ook hulp vragen aan iemand uit uw omgeving die u vertrouwt. Diegene kan met u meedenken over een ander einde. Het is hierbij van belang dat u zich prettig voelt bij het nieuwe einde en dat u het gevoel hebt dat u zelf in staat bent om de nieuwe droom te dromen. U kunt het nieuwe einde net zo vaak veranderen tot u er echt tevreden over bent. Als u tijdens deze oefening veel spanning voelt opkomen, gebruik dan de veilige-plekoefening om weer te ontspannen.

Als u last hebt van posttraumatische nachtmerries kan het lastig zijn om een beter einde te verzinnen. Immers, de traumatische ervaring heeft zich op een bepaalde manier voorgedaan en aan de gebeurtenis zelf kunt u niets veranderen. Dat klopt. Maar dat u die oorspronkelijke traumatische ervaring niet kunt veranderen wil nog niet zeggen dat u daar voor altijd 's nachts mee geplaagd moet worden. De nachtmerrie over de traumatische gebeurtenis is iets anders dan die traumatische ervaring zelf. De nachtmerrie is een nare, onnodige droom – die kunt u dus maar beter wel aanpakken. Wel is het beter om met de minst bedreigende nachtmerrie te beginnen.

Schrijf hieronder het nieuwe einde van uw nachtmerrie op:

4 Een nieuw einde aan de nachtmerrie

Wat komt er aan bod in deze sessie?

a) Bespreken van de Dagboeken Slaap en Nachtmerries

De Dagboeken Slaap en Nachtmerries van de afgelopen weken worden geëvalueerd. Met uw therapeut bespreekt u de veranderingen en opvallende zaken. Het kan zijn dat u beter bent gaan slapen, of juist niet. Misschien zijn er nachtmerries verdwenen, of veranderd. Het kan ook zijn dat er nieuwe nachtmerries zijn bijgekomen. Mogelijk zijn er veranderingen in de emoties, of in de intensiteit ervan.

b) Bespreken van het inbeelden van de veilige plek (evt. opnieuw oefenen)

Als het thuis niet voldoende lukt om de veilige/prettige plek te oefenen, of u voelt zich niet prettig genoeg, vraag dan hulp aan uw therapeut. Samen kunt u kijken wat er nodig is om de plek nog aangenamer te maken.
Het kan ook zijn dat u het lastig vindt om tijd vrij te maken om te oefenen. Het kan handig zijn om er dan een vaste tijd op de dag voor te plannen. Oefening baart kunst, u zult merken dat wanneer u de oefening vaker doet het op een gegeven moment vanzelf gaat.

c) Bespreken van de opgeschreven nachtmerrie en kiezen van een nieuw einde

Als het u al wel gelukt is om een nieuw einde te verzinnen voor een van uw nachtmerries, dan kunt u met uw therapeut bespreken waar u op uitgekomen bent.
Misschien bent u nog niet tevreden en kunt u de hulp van uw therapeut gebruiken om een goed einde te verzinnen.
Het kan zijn dat het u thuis nog niet gelukt is om met de nachtmerrie aan de slag te gaan. In dat geval kiest u samen met uw therapeut een nachtmerrie uit die u wilt veranderen. Samen gaat u brainstormen over een nieuw einde aan het nachtmerrieverhaal. Als u tevreden bent over het nieuwe einde kunt u het opschrijven tijdens de sessie.

d) De nieuwe droom inbeelden tijdens de sessie

Tijdens de sessie gaat u het nieuwe nachtmerrieverhaal inbeelden. Met de veiligeplekoefening hebt u het inbeelden al geoefend. Het is de bedoeling dat u gaat zitten, uw ogen sluit en het verhaal van de nachtmerrie voor u gaat zien. Stel uzelf voor hoe het begin van uw nachtmerrie eruitziet. Het verhaal van de nachtmerrie begint zoals u gewend bent. In plaats van de afloop van de oude nachtmerrie gaat u nu de nieuwe droom inbeelden. Doe dat zo specifiek mogelijk, en zorg dat u de beelden zo duidelijk mogelijk ziet. Houd u strikt aan het nieuwe verhaal dat u opgeschreven hebt. Vanaf nu kunt u met deze oefeningen elke dag het nieuwe einde van uw nachtmerrie trainen. Probeer dit elke dag in totaal vijftien tot twintig minuten te doen, bij voorkeur verspreid over meerdere keren.

Ga tijdens de oefening comfortabel zitten (of liggen) en adem rustig in en uit. Als u gespannen bent, doe dan een ontspanningsoefening. Als u tijdens de oefening spanning voelt opkomen, kunt u altijd teruggaan naar uw veilige plek. U vult elke keer dat u de oefening doet uw angstniveau (of andere emotie) in (formulier 3). Daarnaast vult u elke keer eventuele veranderingen ten opzichte van de originele nachtmerrie in.

U vult elke keer in:
- de datum/dag;
- de tijd dat u begonnen bent met de oefening;
- de inhoud van uw oefening;
- uw angstniveau (voor uitleg zie hieronder);
- de tijd dat u gestopt bent met de oefeningen;
- opmerkingen over de oefening van die dag (bijvoorbeeld onderbrekingen);
- de veranderingen ten opzichte van de originele nachtmerrie die de vorige nacht zijn opgetreden;
- angstniveau bijhouden.

ANGSTNIVEAU BIJHOUDEN

Om te zien of uw angst of stress afneemt tijdens de oefening, is het belangrijk dat u opschrijft hoe bang/angstig u bent *vóór*, *tijdens* en *na* het inbeelden van een nachtmerrie. Als u een andere negatieve emotie hebt, kunt u deze registreren. U kunt de mate van angst weergeven met een cijfer tussen 0 (geen angst) en 10 (extreme angst).

VÓÓR U DE IRT-OEFENING DOET (KOLOM 'VÓÓR')

Noteer voordat u begint met het inbeelden van de nachtmerrie hoe angstig u bent. Schrijf het cijfer dat daarmee correspondeert in de kolom 'voordat' van het schema.

TIJDENS HET DOEN VAN DE IRT-OEFENING (KOLOM 'TIJDENS')

Meteen nadat u gestopt bent met het inbeelden van de nachtmerrie, noteert u hoe angstig u was tijdens de oefening. Schrijf het cijfer dat daarmee correspondeert in de kolom 'tijdens' van het schema.

NA HET DOEN VAN DE IRT-OEFENING (KOLOM 'NA')

Nadat u de score hebt ingevuld in de kolom 'tijdens', noteert u hoe angstig u bent nu u bent gestopt met het inbeelden van de nachtmerrie. Schrijf het cijfer dat daarmee correspondeert in de kolom 'na' van het schema.

Formulier 3: Oefenschema voor het inbeelden van de aangepaste nachtmerrie

Dag	Tijd start oefening	Soort nachtmerrie	Angstniveau			Tijd einde oefening	Commentaar (onderbrekingen)	Veranderingen t.o.v. gisteren
			Vóór	Tijdens	Na			
1								
2								
3								
4								
5								
6								
7								

e) Bespreken van het thuiswerk voor sessie 5

Samen met uw therapeut bespreekt u het thuiswerk voor de volgende sessie. De formulieren voor het thuiswerk vindt u op de volgende pagina's.

Thuiswerk voor sessie 5

1. Bijhouden van Dagboek Slaap en Nachtmerries (formulier 1) en eventuele nieuwe nachtmerries in het Nachtmerrieschema (formulier 2).
2. De veilige plek inbeelden: een paar keer per dag oefenen, en altijd voor het slapengaan.
3. Opschrijven van het andere einde van de nachtmerrie (en evt. mailen naar therapeut). Gebruik hierbij zo veel mogelijk details. Ga alle zintuigen langs: Wat ziet u? Wat hoort u? Wat voelt u op uw huid of in uw lichaam? Wat ruikt en of proeft u? Beschrijft u vooral de beelden tot in detail.
4. De nieuwe droom inbeelden: een paar keer per dag enkele minuten, in totaal 10-15 minuten per dag. Gebruik hierbij Oefening IRT stap voor stap, zie paragraaf ad 4 (p. 41) en formulier 3.
5. Schrijf eventuele veranderingen in de nachtmerrie op, en pas indien nodig de 'nieuwe droom' aan, maak hierbij gebruik van formulier 3.

Formulier 1: Dagboek Slaap en Nachtmerries

Week:	1	2	3	4	5	6	7
	Slaap-kwaliteit	Aantal nachtmer-ries	Nacht-merrie	Wakker	Emotie in nacht-merrie	Ernst emotie	Onderwerp nacht-merrie
Dag 1 Datum:							
Dag 2 Datum:							
Dag 3 Datum:							
Dag 4 Datum:							
Dag 5 Datum:							
Dag 6 Datum:							
Dag 7 Datum:							

1. Vul hier uw slaapkwaliteit in (1 = heel slecht; 10 = heel goed)
2. Aantal nachtmerries: vul uw aantal nachtmerries in
3. Vul de ernst van uw nachtmerrie in (1 = niet zo vervelend; 10 = vreselijk)
4. Vul hier in of u wakker bent geworden uit uw nachtmerrie (ja/nee)
5. Vul hier in welke emotie de boventoon voerde (bijvoorbeeld: A = angst; B = boosheid)
6. Vul hier de ernst of intensiteit van uw emotie in (1 = niet zo intens; 10 = vreselijk intens)
7. Vul hier het onderwerp van uw nachtmerrie in steekwoorden in (bijvoorbeeld: achtervolging / herhaling nare gebeurtenis).

Formulier 2: Nachtmerrieschema

Korte omschrijving van de nachtmerrie	Onderwerp/code

Ad 2 Veilige plek

Ga verder met het inbeelden van de veilige plek. De instructies hiervoor staan bij sessie 3 (p. 30).

Ad 3 Het nieuwe einde van de nachtmerrie

Schrijf hieronder het nieuwe einde van uw nachtmerrie op. Als u vorige week al een einde hebt opgeschreven waar u tevreden over bent dan kunt u dat einde gebruiken. Ga bij uw beschrijving al uw zintuigen langs. Wat ziet u? Wat hoort u? Wat voelt u op uw lichaam? Wat ruikt of proeft u?

_____
_____
_____
_____
_____
_____
_____
_____
_____
_____
_____
_____
_____
_____
_____

Ad 4 Oefening IRT stap voor stap

Voor het inbeelden van de veranderde nachtmerries kunt u een stappenplan gebruiken. Als u de nieuwe nachtmerrie inbeeldt, is de kans groot dat uw nachtmerrie 's nachts wordt afgespeeld volgens het nieuwe verhaal dat u zich overdag hebt ingebeeld. Dat is namelijk het nieuwe verhaal geworden – u bent bezig uw 'horrorfilm' te herschrijven. Schrijf eventuele veranderingen in de nachtmerrie voor uzelf op. Het kan ook zijn dat de oefening niet direct effect heeft. Veel mensen hebben hun nachtmerries al zo lang dat ze niet zomaar veranderen. Geef dan niet direct op, ook hier geldt: oefening baart kunst.

STAP ÉÉN

Net voordat u zich de nachtmerrie begint in te beelden, vraagt u zich af: 'hoe angstig ben ik nu?'
Gebruik het Oefenschema voor het inbeelden van de aangepaste nachtmerrie (formulier 3) om uw angstniveau (of andere emotie) te bepalen en schrijf dit in de kolom 'vóór'.

STAP TWEE

Zorg dat u zich de nieuwe nachtmerrie die u hebt opgeschreven goed voor de geest kunt halen. U kunt hiervoor uw opgeschreven nachtmerries (met nieuw einde) erbij pakken en nog enkele keren lezen. Als u zich de nachtmerrie goed ingebeeld hebt, sluit dan uw ogen. Beleef de gehele nachtmerrie in uw verbeelding alsof die nu plaatsvindt. Maak het zo realistisch mogelijk en probeer geen stukken over te slaan. Beeld u de vervelendste stukken zo goed mogelijk en tot in detail in.
Stel uzelf voor hoe het begin van uw nachtmerrie eruitziet. Het begint met het bekende verhaal, maar in plaats van het oude vervolg van de nachtmerrie, beeldt u zich nu het nieuwe verhaal in. Doe dat zo specifiek mogelijk, en zorg dat u de beelden zo duidelijk mogelijk ziet. Houd vast aan het nieuwe verhaal dat u opgeschreven hebt.

STAP DRIE

Als u klaar bent met stap twee, bedenk dan wat het hoogste niveau van angst was tijdens het doen van de oefening. Schrijf dit op in de kolom 'tijdens' van uw Oefenschema voor het inbeelden van de aangepaste nachtmerrie (formulier 3).

STAP VIER

Nu u klaar bent met het inbeelden van uw nieuwe droom is het tijd om u opnieuw af te vragen 'hoe angstig ben ik nu?' Schrijf dit op in de kolom 'na' van uw Oefenschema voor het inbeelden van de aangepaste nachtmerrie (formulier 3).
Probeer stap één tot en met vier elke dag vijftien tot twintig minuten te doen, bij voorkeur verspreid over meerdere keren.

Formulier 3: Oefenschema voor het inbeelden van de aangepaste nachtmerrie

Dag	Tijd start oefening	Soort nachtmerrie	Angstniveau			Tijd einde oefening	Commentaar (onderbrekingen)	Veranderingen t.o.v. gisteren
			Vóór	Tijdens	Na			
1								
2								
3								
4								
5								
6								
7								

5 Oefenen met de nieuwe droom

Wat komt er aan bod in deze sessie?

a) Bespreken van de Dagboeken Slaap en Nachtmerries

De Dagboeken Slaap en Nachtmerries van de afgelopen weken worden geëvalueerd. Met uw therapeut bespreekt u de veranderingen en opvallende zaken. Het kan zijn dat u beter bent gaan slapen, of juist niet. Misschien zijn er nachtmerries verdwenen, of veranderd. Het kan ook zijn dat er nieuwe nachtmerries zijn bijgekomen. Mogelijk zijn er veranderingen in de emoties, of in de intensiteit ervan.

b) Het nieuwe verhaal en oefenen met de nieuwe droom

Tijdens de sessie bespreekt u hoe het is gegaan met het inbeelden van de nieuwe droom. Als het goed is hebt u dit ook bijgehouden in het Oefenschema voor het inbeelden van de aangepaste nachtmerrie (formulier 3). Bespreek met uw therapeut of u tevreden bent over de nieuwe afloop. De volgende vragen zullen aan bod komen in deze sessie:
– Hoe vaak per dag is het u gelukt de 'nieuwe droom' in te beelden?
– Is de nachtmerrie nog voorgekomen? Hoe vaak?
– Was deze in de oude of in de nieuwe vorm?
– Wat voor gevoelens had u bij het nieuwe verhaal?
– Hoe was uw slaap? Hoe voelde u zich bij het opstaan?

c) Knelpunten in het oefenen met de nieuwe droom

Het kan zijn dat het oefenen met de nieuwe droom nog niet gelukt is. Dit kan een aantal oorzaken hebben, die noemen we knelpunten. Bespreek met uw therapeut welke knelpunten het meest op u van toepassing zijn. Samen met uw therapeut kunt u werken aan de knelpunten.

MOEITE MET HET HERKENNEN VAN THEMA'S

Veel mensen zeggen dat ze telkens verschillende nachtmerries hebben. Bij sommige mensen is dat inderdaad het geval. Vaker is echter het probleem dat mensen niet helemaal goed begrepen hebben wat er bedoeld wordt met een herhalend thema. Ze denken bijvoorbeeld dat het overlijden van een broer thematisch een andere nachtmerrie is dan het overlijden van hun man/vrouw, terwijl het overkoepelende thema het verlies van een dierbare is. Dit geldt ook voor de achtervolgingsdromen. Achtervolgd worden door een draak in een fantasiewereld kan onder hetzelfde thema vallen als een man die u op straat wil pakken.

Als u dit herkent, is het belangrijk om samen met uw therapeut uw nachtmerries te bespreken en al puzzelend is het vaak wel mogelijk om een algemeen thema te vinden. Het kan zijn dat er nog een paar verschillende thema's overblijven. Begin dan met één thema en werk zo verder.

HET LUKT NIET OM EEN NIEUW EINDE TE BEDENKEN

Vaak lukt het iemand zelf om een beter einde te kiezen. Soms zitten mensen echter 'vast' in hun eigen verhaal en lukt het juist niet om een ander einde van hun nachtmerrie te verzinnen. U kunt dan hulp vragen van uw therapeut of een belangrijk iemand in uw omgeving. Diegene kan actief meedenken en suggesties voor verandering doen. In een droom kan alles. Het kan zijn dat iemand anders u overdreven suggesties doet, zoals 'Superman kan u helpen' of 'door een toverdrank bent u ineens 10 keer zo groot en zo sterk'. Die overdrijving kan u helpen om te fantaseren over uw nieuwe droom en over uw eigen rol daarin. Het goede van dromen is dat alles mogelijk is, ook wat in het echte leven niet kan. Dus u bent zelf ook tot meer in staat dan in het echte leven, u zult merken dat u controle op uw droom kunt uitoefenen, door bijvoorbeeld hulp in te schakelen, of ervoor zorgen dat u zelf zo sterk wordt dat u uw belagers de baas bent. Daarbij is het erg belangrijk dat de nieuwe droom goed bij u past. Uiteindelijk bepaalt u zelf wat het nieuwe verhaal gaat worden, waar u zich goed bij voelt. De aangepaste nachtmerrie kunt u aan het einde van de sessie met uw therapeut gaan inbeelden, en daarna kunt u eventueel nog aanpassingen doen. U gaat net zo lang door met aanpassen van de nieuwe droom tot u tevreden bent. Daarna gaat u thuis verder met het uitwerken en oefenen van de nieuwe droom.

HET EINDE VAN DE NACHTMERRIE VERANDERT NIET

Als de nachtmerrie na meerdere weken nog niet is veranderd, probeer dan met uw therapeut een ander einde te verzinnen waarin slechts een kleine wijziging wordt aangebracht (bijvoorbeeld de kleur van een object op de achtergrond in de droom). Ga pas verder met een iets grotere verandering als dit gelukt is. Zo wordt stapsgewijs de hele nachtmerrie veranderd.

U KUNT ZICH DE NACHTMERRIE NIET MEER HERINNEREN

Een belangrijk kenmerk van nachtmerries is dat ze de volgende dag herinnerd worden. Het zou kunnen zijn dat u 's nachts geen nachtmerries meer hebt en u zich daarom uw droom niet meer herinnert.

STEEDS VERSCHILLENDE NACHTMERRIES

Soms zijn nachtmerries erg verschillend. Toch is er meestal wel iets te vinden dat overeenkomt in deze dromen. Gaat u samen met uw therapeut na welk algemeen thema in de nachtmerries voorkomt. Dit hoeft niet heel specifiek te zijn. U kunt bijvoorbeeld vaak dromen over situaties die in het algemeen bedreigend zijn, met de dood te maken hebben of waarin u moet vluchten. Het kan ook zijn dat u soms over uw vader en soms over uw moeder droomt. Ouders of familie kan dan gezien worden als het algemene thema. Er kan dan met het algemene thema gewerkt worden.
Als u toch steeds verschillende nachtmerries hebt, kunt u het volgende proberen. Als u een nachtmerrie hebt gehad, probeer dan vlak na het ontwaken een nieuw einde te verzinnen. Als u dit gedaan hebt, gaat u de nieuwe nachtmerrie inbeelden. Hebt u de

nacht erna of later weer een nieuwe nachtmerrie, dan gaat u daarmee aan de slag. U verzint daar dus ook een nieuw einde bij, dat u gaat inbeelden volgens de IRT-instructies. Dit werkt het best als u het direct na het ontwaken doet. De kans is groot dat u vervolgens overdag weinig last meer hebt van de nachtmerrie. Zolang u geen nieuwe nachtmerrie hebt, werkt u met de laatst gedroomde nachtmerrie.

BEGINNEN MET HET INBEELDEN VAN EEN VOLGENDE NACHTMERRIE

Als u minder angst hebt bij het inbeelden van de nachtmerrie waar u mee bezig bent of als de nachtmerrie 's nachts niet meer terugkomt, kan aan de volgende nachtmerrie begonnen worden. De procedure uit sessie 4 wordt dan herhaald voor een nieuwe herhalende nachtmerrie.

U WORDT ERG ANGSTIG BIJ HET INBEELDEN VAN DE NACHTMERRIE

Het is te verwachten dat u angstig bent tijdens de oefeningen. Dit betekent dat de oefeningen goed uitgevoerd worden. Het is belangrijk om bij de angstige beelden te blijven en door te gaan met oefenen. Als u te angstig wordt, vraag dan hulp aan uw therapeut. Uw therapeut zal samen met u kijken wat er aan de hand is en hoe u hiermee geholpen kunt worden. Als u nachtmerries hebt naar aanleiding van een ingrijpende gebeurtenis kan het zijn dat deze gebeurtenis nog te vers in uw geheugen ligt. Het is verstandig om samen met uw therapeut uit te zoeken of dit het geval is.

d) Bespreken van thuiswerk voor sessie 6

Samen met uw therapeut bespreekt u het thuiswerk voor de volgende sessie. De formulieren voor het thuiswerk vindt u op de volgende pagina's.

Thuiswerk voor sessie 6

1 Bijhouden van het Dagboek Slaap en Nachtmerries (formulier 1) en opschrijven van eventuele nieuwe nachtmerries in het Nachtmerrieschema (formulier 2).
2 De veilige plek inbeelden: een paar keer per dag oefenen, en altijd voor het slapengaan.
3 De nieuwe droom inbeelden: een paar keer per dag enkele minuten, in totaal 10-15 minuten per dag. Gebruik hierbij Oefening IRT stap voor stap, zie formulier 3 en sessie 4, thuiswerk ad 4 (p. 41).
4 Schrijf eventuele veranderingen in de nachtmerrie op, en pas indien nodig de 'nieuwe droom' aan.
5 Sta stil bij knelpunten in het oefenen met de nieuwe droom. Schrijf ze op in het werkboek.

Formulier 1: Dagboek Slaap en Nachtmerries

Week:	1	2	3	4	5	6	7
	Slaap-kwaliteit	Aantal nachtmerries	Nacht-merrie	Wakker	Emotie in nacht-merrie	Ernst emotie	Onderwerp nacht-merrie
Dag 1 Datum:							
Dag 2 Datum:							
Dag 3 Datum:							
Dag 4 Datum:							
Dag 5 Datum:							
Dag 6 Datum:							
Dag 7 Datum:							

1. Vul hier uw slaapkwaliteit in (1 = heel slecht; 10 = heel goed)
2. Aantal nachtmerries: vul uw aantal nachtmerries in
3. Vul de ernst van uw nachtmerrie in (1 = niet zo vervelend; 10 = vreselijk)
4. Vul hier in of u wakker bent geworden uit uw nachtmerrie (ja/nee)
5. Vul hier in welke emotie de boventoon voerde (bijvoorbeeld: A = angst; B = boosheid)
6. Vul hier de ernst of intensiteit van uw emotie in (1 = niet zo intens; 10 = vreselijk intens)
7. Vul hier het onderwerp van uw nachtmerrie in steekwoorden in (bijvoorbeeld: achtervolging / herhaling nare gebeurtenis).

Formulier 2: Nachtmerrieschema

Korte omschrijving van de nachtmerrie	Onderwerp/code

Ad 2 Veilige plek

Ga verder met het u inbeelden van de veilige plek. De instructies hiervoor staan bij sessie 3 (p. 30).

Ad 3 Verder oefenen met de nieuwe nachtmerrie

Ga deze periode verder met het inbeelden van uw nieuwe nachtmerrie. Beeld u de nieuwe nachtmerrie elke dag 10-15 minuten in. Gebruik hierbij Oefening IRT stap voor stap, zie formulier 3 en thuiswerk sessie 4, ad 4 (p. 41).

Formulier 3: Oefenschema voor het inbeelden van de aangepaste nachtmerrie

Dag	Tijd start oefening	Soort nachtmerrie	Angstniveau			Tijd einde oefening	Commentaar (onderbrekingen)	Veranderingen t.o.v. gisteren
			Vóór	Tijdens	Na			
1								
2								
3								
4								
5								
6								
7								

Ad 4 Veranderingen in de nachtmerrie en eventuele aanpassingen aan de nieuwe droom

Schrijf hier de veranderingen in de nachtmerrie op.

Schrijf hier de nieuwe droom met aanpassingen opnieuw uit.

Ad 5 Knelpunten

Schrijf hier knelpunten op die u hinderen bij het oefenen met de nieuwe droom.

_____
_____
_____
_____
_____
_____
_____
_____
_____
_____
_____
_____
_____
_____
_____
_____
_____
_____
_____
_____
_____
_____
_____
_____
_____
_____
_____
_____

Ad 5 Knelpunten

Schrijf hier knelpunten op die u hinderen bij het oefenen met de nieuwe droom.

6 Knelpunten en slaappatroon

Wat komt er aan bod in deze sessie?

a) Bespreken van de Dagboeken Slaap en Nachtmerries en het Nachtmerrieschema

De Dagboeken Slaap en Nachtmerries van de afgelopen weken worden geëvalueerd. Met uw therapeut bespreekt u de veranderingen en opvallende zaken. Het kan zijn dat u beter bent gaan slapen, of juist niet. Misschien zijn er nachtmerries verdwenen, of veranderd. Het kan ook zijn dat er nieuwe nachtmerries zijn bijgekomen. Mogelijk zijn er veranderingen in de emoties, of in de intensiteit ervan.

b) Het nieuwe verhaal en oefenen met de nieuwe droom

Tijdens de sessie bespreekt u hoe het is gegaan met het inbeelden van de nieuwe droom. Als het goed is hebt u dit ook bijgehouden in het Oefenschema voor het inbeelden van de aangepaste nachtmerrie (formulier 3). Bespreek met uw therapeut of u tevreden bent over de nieuwe afloop. De volgende vragen zullen aan bod komen in deze sessie:
- Hoe vaak per dag is het u gelukt de 'nieuwe droom' in te beelden?
- Is de nachtmerrie nog voorgekomen? Hoe vaak?
- Was deze in de oude of in de nieuwe vorm?
- Wat voor gevoelens had u bij het nieuwe verhaal?
- Hoe was uw slaap? Hoe voelde u zich bij het opstaan?

c) Knelpunten in het oefenen met het nieuwe verhaal

In de vorige sessie is een aantal knelpunten in het oefenen met het nieuwe nachtmerrieverhaal aan bod gekomen. Bespreek in deze sessie welke knelpunten u bent tegengekomen. Het kan zijn dat u zelf al een oplossing voor het knelpunt hebt gevonden. Zo niet, dan kunt u dit met uw therapeut bespreken, u kunt dan samen oplossingen bedenken.

d) Uw slaappatroon

In deze therapie gaan wij ervan uit dat mensen door hun nachtmerries slecht slapen. Als de nachtmerries afnemen, verwachten we dan ook dat het beter zal gaan met slapen. Dit blijkt echter niet altijd zo te zijn.
Samen met uw therapeut kijkt u naar uw slaap in de afgelopen weken. Misschien zijn er veranderingen in uw slaap opgetreden, of is uw slaap hetzelfde gebleven. Het kan zijn dat u beter bent gaan slapen, nu u minder last hebt van nachtmerries. Soms

verandert uw slaappatroon niet, u hebt bijvoorbeeld nog steeds moeite met slapen. Goede nachtrust is van groot belang om overdag goed te kunnen functioneren. Dat is de reden dat ook aan uw slaap aandacht besteed wordt. Samen met uw therapeut gaat u bepalen in hoeverre uw slaappatroon en de kwaliteit van uw slaap in orde zijn, of dat er iets aan veranderd moet worden.

e) Bespreken van het thuiswerk voor sessie 7

Samen met uw therapeut bespreekt u het thuiswerk voor de volgende sessie. De formulieren voor het thuiswerk vindt u op de volgende pagina's.

Thuiswerk voor sessie 7

1 Bijhouden van het Dagboek Slaap en Nachtmerries (formulier 1) en opschrijven van eventuele nieuwe nachtmerries in het Nachtmerrieschema (formulier 2).
2 De veilige plek inbeelden: een paar keer per dag oefenen, en altijd voor het slapengaan.
3 De nieuwe nachtmerrie inbeelden: een paar keer per dag enkele minuten, in totaal 10-15 minuten per dag. Gebruik hierbij Oefening IRT stap voor stap, zie formulier 3 en sessie 4, thuiswerk ad 4 (p. 41).
4 Slaappatroon: onderzoek uw eigen slaappatroon.

SESSIE 6 KNELPUNTEN EN SLAAPPATROON

Formulier 1: Dagboek Slaap en Nachtmerries

Week:	1 Slaap-kwaliteit	2 Aantal nachtmer-ries	3 Nacht-merrie	4 Wakker	5 Emotie in nacht-merrie	6 Ernst emotie	7 Onderwerp nacht-merrie
Dag 1 Datum:							
Dag 2 Datum:							
Dag 3 Datum:							
Dag 4 Datum:							
Dag 5 Datum:							
Dag 6 Datum:							
Dag 7 Datum:							

1. Vul hier uw slaapkwaliteit in (1 = heel slecht; 10 = heel goed)
2. Aantal nachtmerries: vul uw aantal nachtmerries in
3. Vul de ernst van uw nachtmerrie in (1 = niet zo vervelend; 10 = vreselijk)
4. Vul hier in of u wakker bent geworden uit uw nachtmerrie (ja/nee)
5. Vul hier in welke emotie de boventoon voerde (bijvoorbeeld: A = angst; B = boosheid)
6. Vul hier de ernst of intensiteit van uw emotie in (1 = niet zo intens; 10 = vreselijk intens)
7. Vul hier het onderwerp van uw nachtmerrie in steekwoorden in (bijvoorbeeld: achtervolging / herhaling nare gebeurtenis).

Formulier 2: Nachtmerrieschema

Korte omschrijving van de nachtmerrie	Onderwerp/code

Ad 2 Veilige plek

Ga verder met het u inbeelden van de veilige plek. De instructies hiervoor staan bij sessie 3 (p. 30).

Ad 3 Verder oefenen met de nieuwe nachtmerrie

Ga deze periode verder met het inbeelden van uw nieuwe nachtmerrie. Beeld u de nieuwe nachtmerrie elke dag 10-15 minuten in. Gebruik hierbij Oefening IRT stap voor stap, zie formulier 3 en thuiswerk sessie 4, ad 4 (p. 41).

Formulier 3: Oefenschema voor het inbeelden van de aangepaste nachtmerrie

Dag	Tijd start oefening	Soort nachtmerrie	Angstniveau			Tijd einde oefening	Commentaar (onderbrekingen)	Veranderingen t.o.v. gisteren
			Vóór	Tijdens	Na			
1								
2								
3								
4								
5								
6								
7								

Ad 4 Slaappatroon

Het kan zijn dat u ook last hebt van chronische slapeloosheid. Om hier achter te komen kunt u een korte test doen op www.insomnie.nl. Als hier inderdaad uitkomt dat de klachten wijzen op chronische slapeloosheid, houd dan ook de volgende onderdelen bij in uw Dagboek Slaap en Nachtmerries:
- Tijd naar bed
- Tijd uit bed
- Aantal minuten dat het duurde voordat u sliep
- Totaal aantal minuten wakker gelegen tussen 's avonds inslapen en 's ochtends wakker worden.

Hiermee kunt u berekenen hoe lang u in bed hebt gelegen en hoe lang u daadwerkelijk geslapen hebt. Met deze informatie kunt u uw slaapefficiëntie berekenen. De slaapefficiëntie is het percentage dat u slaapt van de tijd die u in bed hebt gelegen.
Bijvoorbeeld:
U slaapt gemiddeld 6 uur per nacht, maar ligt 8 uur per nacht in bed. De slaapefficiëntie is dan:
$(6 / 8) * 100 = 75\%$.

Ligt uw slaapefficiëntie onder de 85%? Samen met de test naar slapeloosheid op www.insomnie.nl kan dit een aanwijzing zijn dat u aan insomnie (chronische slapeloosheid) lijdt. Bespreek dit met uw therapeut. Het protocol van Verbeek & Van de Laar uit deze reeks (Verbeek & Van de Laar, 2010a, 2010b) gaat over het verhelpen van chronische slapeloosheid en is dan aan te raden. Meer informatie over slapeloosheid kunt u lezen in het boekje *Omgaan met slapeloosheid* (Kerkhof, De Gier, & Sernee, 2010).

7 De laatste sessie en het voorkómen van terugval

Wat komt er aan bod in deze sessie?

a) Bespreken van de Dagboeken Slaap en Nachtmerries, het Nachtmerrieschema en oefenen met de nieuwe droom

De Dagboeken Slaap en Nachtmerries van de afgelopen weken worden geëvalueerd. Met uw therapeut bespreekt u de veranderingen en opvallende zaken. Het kan zijn dat u beter bent gaan slapen, of juist niet. Misschien zijn er nachtmerries verdwenen, of veranderd. Het kan ook zijn dat er nieuwe nachtmerries zijn bijgekomen. Mogelijk zijn er veranderingen in de emoties, of in de intensiteit ervan. Uiteraard is er ook ruimte om te bespreken hoe het gaat met het inbeelden van de nieuwe droom en of er nog andere knelpunten zijn.

b) Uw slaappatroon

De afgelopen weken hebt u uw slaappatroon onderzocht en een berekening gemaakt van uw 'slaapefficiëntie'. Als de slaapefficiëntie te laag is, kan het zinvol zijn om specifiek aandacht te besteden aan het probleem van de slapeloosheid. Uw therapeut kan u hiervoor misschien behandelen.

c) Terugvalpreventieplan

Dit is de laatste sessie van de therapie. U hebt geleerd om de 'imaginatie- en rescriptingtherapie' toe te passen op uw eigen nachtmerries. Het is u gelukt, of voor een deel gelukt, om uw nachtmerries te veranderen of u hebt er minder last van. Het is belangrijk dat u blijft oefenen met het veranderen van nachtmerrieverhalen en het inbeelden van nieuwe nachtmerries. Ook nu u geen afspraken meer hebt met uw therapeut, kunt u op eigen kracht blijven oefenen. Wanneer u een tijd lang last hebt gehad van nachtmerries kunt u te maken krijgen met een terugval en weer meer klachten krijgen. Nu het beter met u gaat, is het gemakkelijker om na te denken over wat u het best kunt doen als u een terugval krijgt. We noemen dat 'terugvalpreventie'. Bespreek met uw therapeut welke situaties moeilijk voor u zijn, maar ook wat u op zo'n moment het best kunt doen. Beschrijf dit in een terugvalpreventieplan (formulier 4). Het terugvalpreventieplan werkt het best wanneer u regelmatig bij uzelf stilstaat en onderzoekt hoe het gaat met uw nachtmerries. U kunt dit doen door nog een tijd door te gaan met het bijhouden van uw slaap en nachtmerries in het Dagboek Slaap en Nachtmerries. Zodra het minder goed met u gaat, hebt u dat meteen in de gaten.

Thuiswerk: het voorkómen van terugval

Maak een eigen terugvalpreventieplan (formulier 4), en stuur dit per e-mail naar uw therapeut. Als dit nodig is, kan de therapeut via e-mail commentaar geven op uw plan.

Instructie

Maak een terugvalpreventieplan waarin u de strategieën beschrijft die u gaat toepassen als het moeilijk wordt, bijvoorbeeld voor wanneer de nachtmerries weer terugkomen. Maak hierbij gebruik van de volgende aanwijzingen:

1 Voorspel wanneer andere nachtmerries kunnen opduiken of oudere nachtmerries kunnen terugkomen. Wanneer zijn uw nachtmerries in het verleden toegenomen? Was dit na bepaalde gebeurtenissen (bijv. in tijden van stress of na beangstigende gebeurtenissen)? Inzicht hierin kan helpen om te begrijpen waarom nachtmerries op een bepaald moment weer terugkomen.
2 Wat kunt u doen om een eventuele terugval tijdig te kunnen signaleren? Probeer dit zo concreet mogelijk te beschrijven. Denk hierbij aan signalen als 'slecht slapen', of 'nachtmerries komen meer dan x aantal keer per week voor'.
3 Schrijf op wat u zou kunnen doen als de nachtmerries terugkomen. Welke strategieën zou u toe kunnen passen? Denk aan wat u in de behandeling hebt geleerd om de nachtmerries terug te dringen. Wat heeft u toen het meest geholpen?
4 Het kan gebeuren dat u het moeilijk vindt om de geleerde oefeningen te blijven volhouden. Wat en/of wie zou u hierbij kunnen helpen? U kunt een aantal redenen opschrijven waarom het voor u van belang is om de oefeningen te doen.

Formulier 4: Terugvalpreventieplan

a. In welke situaties kunnen andere nachtmerries opduiken of oudere nachtmerries weer terugkomen?	
b. Waaraan zou ik merken dat er sprake is van een terugval?	
c. Wat kan ik doen als ik een terugval krijg en de nachtmerries terugkomen?	
d. Wat heb ik nodig om de oefeningen te blijven volhouden?	

Literatuur

Kerkhof, G., de Gier, M., & Sernee, M. (2010). *Omgaan met slapeloosheid.* Houten: Bohn Stafleu van Loghum.

Lancee, J., Van Schagen, A.M., Swart, M.L., & Spoormaker, V.I. (2011). Cognitieve gedragstherapie bij nachtmerries. *Tijdschrift voor Gedragstherapie, 44,* 95-110.

Spoormaker, V.I. (2005). *Alles over dromen.* Utrecht: Kosmos Z&K Uitgevers B.V.

Spoormaker, V.I. (2008). A cognitive model of recurrent nightmares. *International Journal of Dream Research, 1*(1), 15-22.

Spoormaker, V.I., Schredl, M., & van den Bout, J. (2006). Nightmares: From anxiety symptom to sleep disorder. *Sleep Medicine Reviews, 10*(1), 53-59.

Verbeek, I., & Van de Laar, M. (2010a). *Behandeling van langdurige slapeloosheid.* Houten: Bohn Stafleu van Loghum.

Verbeek, I., & Van de Laar, M. (2010b). *Verbeter je slaap. Werkboek voor de cliënt.* Houten: Bohn Stafleu van Loghum.

Wittmann, L., Schredl, M., & Kramer, M. (2007). Dreaming in posttraumatic stress disorder: A critical review of phenomenology, psychophysiology and treatment. *Psychotherapy and Psychosomatics, 76,* 25-39.

Formulieren

Alle formulieren die u in dit boek hebt gebruikt, zijn hier nog eens opgenomen. U kunt ze kopiëren.

Formulier 1: Dagboek Slaap en Nachtmerries

Week:	1 Slaap-kwaliteit	2 Aantal nachtmer-ries	3 Nacht-merrie	4 Wakker	5 Emotie in nacht-merrie	6 Ernst emotie	7 Onderwerp nacht-merrie
Dag 1 Datum:							
Dag 2 Datum:							
Dag 3 Datum:							
Dag 4 Datum:							
Dag 5 Datum:							
Dag 6 Datum:							
Dag 7 Datum:							

1. Vul hier uw slaapkwaliteit in (1 = heel slecht; 10 = heel goed)
2. Aantal nachtmerries: vul uw aantal nachtmerries in
3. Vul de ernst van uw nachtmerrie in (1 = niet zo vervelend; 10 = vreselijk)
4. Vul hier in of u wakker bent geworden uit uw nachtmerrie (ja/nee)
5. Vul hier in welke emotie de boventoon voerde (bijvoorbeeld: A = angst; B = boosheid)
6. Vul hier de ernst of intensiteit van uw emotie in (1 = niet zo intens; 10 = vreselijk intens)
7. Vul hier het onderwerp van uw nachtmerrie in steekwoorden in (bijvoorbeeld: achtervolging / herhaling nare gebeurtenis).

Formulier 2: Nachtmerrieschema

Korte omschrijving van de nachtmerrie	Onderwerp/code

Formulier 3: Oefenschema voor het inbeelden van de aangepaste nachtmerrie

Dag	Tijd start oefening	Soort nachtmerrie	Angstniveau			Tijd einde oefening	Commentaar (onderbrekingen)	Veranderingen t.o.v. gisteren
			Vóór	Tijdens	Na			
1								
2								
3								
4								
5								
6								
7								

Formulier 4: Terugvalpreventieplan

a. In welke situaties kunnen andere nachtmerries opduiken of oudere nachtmerries weer terugkomen?	
b. Waaraan zou ik merken dat er sprake is van een terugval?	
c. Wat kan ik doen als ik een terugval krijg en de nachtmerries terugkomen?	
d. Wat heb ik nodig om de oefeningen te blijven volhouden?	

Nieuwe droom

Nieuwe droom

Nieuwe droom

If you have any concerns about our products,
you can contact us on
ProductSafety@springernature.com

In case Publisher is established outside the EU,
the EU authorized representative is:
**Springer Nature Customer Service Center GmbH
Europaplatz 3, 69115 Heidelberg, Germany**

Printed by Libri Plureos GmbH
in Hamburg, Germany